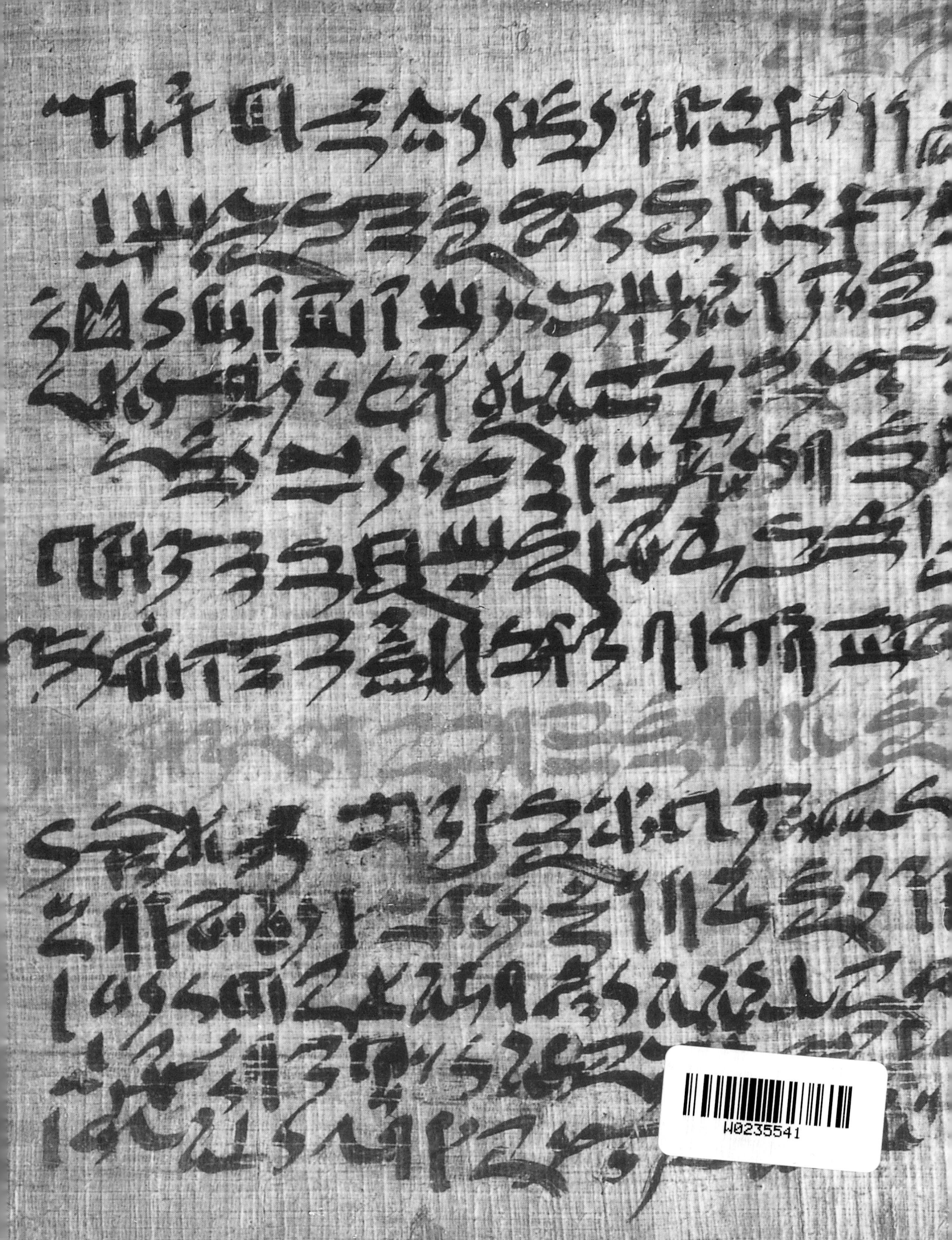

Ägypten 2000 v. Chr.

ÄGYPTEN

2000 v. Chr.

Die Geburt des Individuums

Herausgegeben von
Dietrich Wildung

mit Beiträgen von
Günter Burkard, Elisabeth Delange, Alfred Grimm,
Sylvia Schoske und Dietrich Wildung

Hirmer Verlag München

Erstveröffentlichung aus Anlaß der Sonderausstellung
»Ägypten 2000 v. Chr.
Die Geburt des Individuums«

Residenz Würzburg, 10. Februar bis 21. Mai 2000
Kunstforum in der GrundkreditBank Berlin,
8. Juni bis 5. November 2000

Veranstaltet von
Staatliche Sammlung Ägyptischer Kunst München und
Ägyptisches Museum und Papyrussammlung,
Staatliche Museen zu Berlin – Preußischer Kulturbesitz

in Zusammenarbeit mit
Bayerische Verwaltung der staatlichen Schlösser,
Gärten und Seen
Schloß-und Gartenverwaltung Würzburg
Kulturreferat der Stadt Würzburg/
Congress & Tourismus Zentrale
und
Berliner Volksbank eG
Berliner Festspiele e.V.

Konzeption
Alfred Grimm, Sylvia Schoske, Dietrich Wildung

Ausstellungsgestaltung
Tanja Hammerl, Mathias Kammermeier, Günther Krüger

Ausstellungsbau
Factory Set Design GmbH
Matthias Schmalzl

Audio-Führung
Antenna Audio GmbH

Digitale Bildbearbeitung
Jürgen Liepe

Versicherung
Axa Colonia

Transporte
Hasenkamp Internationale Transporte

Die Ausstellung wird gefördert von
Berliner Volksbank eG
Ernst von Siemens-Stiftung München
Kulturstiftung der Länder
aus Mitteln des Beauftragten der Bundesregierung
für Angelegenheiten der Kultur und der Medien
Dresdner Bank
R + V Versicherung
Siemens AG Niederlassung Berlin

Autorensiglen der Katalogtexte
Elisabeth Delange, Paris   E. D.
Sylvia Schoske, München   S. SCH.
Dietrich Wildung, Berlin   D. W.

Umschlag: *Kopf einer Statue Amenemhets III.
Kopenhagen, Ny Carlsberg
Glyptotek AEIN 924 (Kat. 53)*

Vorsatz: *»Geschichte des Sinuhe«
Berlin ÄMP p3022 (Kat 44)*

Frontispiz: *Sitzfigur des Chertihotep
Berlin ÄMP 15700 (Kat. 88, Detail)*

Die deutsche Bibliothek – CIP-Titelaufnahme

Ein Titeldatensatz für diese Publikation ist bei der Deutschen
Bibliothek erhältlich.

© 2000 Hirmer Verlag GmbH, München
Lektorat: Dr. Ulrike Bauer-Eberhardt
Produktion: Saskia H. Rothfischer und Joachim Wiesinger
Lithographie: Brend'amour, Simhart & Co, München
Druck: Hofmann-Druck GmbH, Augsburg
Bindung: Thomas-Buchbinderei, Augsburg
Printed in Germany
ISBN 3-7774-8540-3

Inhalt

In einem der Standardwerke zur Kunst des Alten Ägypten schreibt der Autor über einen Porträtkopf Sesostris' III.: »Wenn die Königshaube ... den Dargestellten nicht als Pharao auswiese, könnte man geradezu an einen Renaissance-Papst denken.« Dieser kühn erscheinende Vergleich versucht, ein Grundproblem unseres Umgangs mit der Kunst Altägyptens zu lösen, sie mit der gleichen Betroffenheit zu sehen wie die alten Meister und die Kunst der Moderne, und sie herauszunehmen aus der Ecke, in die sie der europäische Klassizismus des 18. und 19. Jahrhunderts verwiesen hatte, der Ecke des Bizarren, Geheimnisvollen, des »Vor-Griechischen«.

Die Staatliche Sammlung Ägyptischer Kunst München arbeitet wie kaum eine andere Institution seit Jahrzehnten beharrlich an der Rehabilitation der ägyptischen Kunst. Ihre herausragenden Bestände, ihre Erwerbungen, aber auch ihre Publikumsarbeit und ihre Sonderausstellungen haben ihr weltweite Resonanz eingetragen. In der Münchner Sammlung kann der Kunstliebhaber die gleiche Beglückung wie vor Dürer und Rembrandt, die gleiche Ergriffenheit wie vor Beckmann und Kiefer erfahren.

Die Sonderausstellung »Ägypten 2000 v. Chr.« ist ein weiterer Höhepunkt dieser langjährigen Überzeugungsarbeit. Aus der eindrucksvollsten Epoche altägyptischer Menschendarstellung sind aus aller Welt Meisterwerke zusammengetragen worden, die in beispielhafter Dichte den Menschen vor 4000 Jahren zu neuem Leben erstehen lassen. Der Ansatz zu einer monographischen Darstellung des Menschenbildes des frühen 2. Jahrtausends v. Chr. verdient große Beachtung. Ihm liegt die Überzeugung zu Grunde, daß die Faszination dieser Kunst auch den modernen Betrachter in seinen Bann ziehen wird.

Daß die Premiere dieser Ausstellung, die für die Kunst Altägyptens wohl das bedeutendste themenbezogene Millenniumsereignis überhaupt darstellt, in Würzburg stattfinden kann, erfüllt mich mit besonderer Freude, stellt diese Sonderausstellung doch einen weiteren Baustein bei der von der Staatsregierung verfolgten Politik der Stärkung der dezentralen Museumslandschaft in Bayern dar.

In enger Zusammenarbeit mit dem Ägyptischen Museum der Staatlichen Museen zu Berlin entstanden, wird »Ägypten 2000 v. Chr.« anschließend in Berlin gezeigt werden.

Mein Dank für diese Ausstellung gilt nicht nur der Staatlichen Sammlung Ägyptischer Kunst, sondern auch der Bayerischen Verwaltung der staatlichen Schlösser, Gärten und Seen, die sich mit gleicher Begeisterung auf dieses Projekt eingelassen hat.

Mit »Ägypten 2000 v. Chr.« ist ein Zeichen für die weitere Entwicklung der Ägypten-Forschung in Bayern und zugleich auch für das weitere Wirken der Staatlichen Sammlung Ägyptischer Kunst gesetzt.

HANS ZEHETMAIR
Bayerischer Staatsminister für Wissenschaft, Forschung und Kunst

Geleitwort

Durch die Spiegelung im Übergang vom dritten zum zweiten Jahrtausend v. Chr. einen distanzierten Blick auf den Wechsel vom zweiten zum dritten Jahrtausend n.Chr. zu werfen, diese Idee ist so naheliegend, daß man erwarten durfte, Museen, Bibliotheken und historische Institute als Hüter des Gedächtnisses der Menschheit würden es sich nicht versagen, diesen Blick über zweimal zwei Jahrtausende zu wagen. Wie keine andere der frühen Kulturen erlebt Altägypten um 2000 v. Chr. eine historisch markante Phase seiner Geschichte, und so liegt es nahe, den Millenniumsschritt an der überreichen künstlerischen Hinterlassenschaft dieser Epoche des Mittleren Reiches darzustellen.

Nur die beiden eng miteinander verbundenen Museen ägyptischer Kunst in Berlin und München haben das überaus reizvolle Thema aufgegriffen und zum Gegenstand einer Sonderausstellung gemacht. Um den reichen Bestand an eigenen Kunstwerken des Mittleren Reiches haben sie dank ihrer weltweiten kollegialen Verbindungen eine außergewöhnliche Fülle von Leihgaben hoher künstlerischer Qualität zusammengetragen, um »Ägypten 2000 v. Chr.« zu einem dichten und eindringlichen Bild einer bislang wenig beachteten, aber historisch und künstlerisch herausragenden Epoche werden zu lassen.

Berlin ist neben Bayern der einzige Ort dieser Ausstellung. Das stimulierende Zusammenspiel der Kräfte in verschiedenen Bundesländern hat auch hier zu einem Ergebnis geführt, das ohne die wechselseitige Anregung und Unterstützung nicht möglich gewesen wäre. An der Realisierung der Ausstellung in Berlin hat die Berliner Volksbank mit ihrem Kunstforum und mit den von ihr gewonnenen Sponsoren einen wesentlichen Anteil.

Die Stiftung Preußischer Kulturbesitz dankt allen, die zum Gelingen dieser Ausstellung beigetragen haben. Sie sieht als eine von Bund und Ländern getragene Einrichtung gerade in kooperativen Projekten gute Voraussetzungen, den kulturellen Reichtum so zu fokussieren, daß neue Einsichten und interessante Verknüpfungen gewonnen werden. Diese Ausstellung ist dafür ein gelungenes Beispiel.

Klaus-Dieter Lehmann
Präsident der Stiftung Preußischer Kulturbesitz

Es ist schwierig geworden, die Idee zu einer großen Sonderausstellung in die Wirklichkeit umzusetzen. Die Anforderungen an Ausstellungsgestaltung, Begleitprogramme, Werbung und der für Ausleihe, Transport, Kurierbegleitung und Versicherung nötige Aufwand lassen viele Projekte schon im Ansatz an der Finanzierung scheitern. Das Spezifikum einer Sonderausstellung, die zeitlich befristete Zusammenführung relevanten Materials aus Sammlungen in aller Welt, ist oft nicht zu bewerkstelligen, da die immer weiter anschwellende Flut von Leihersuchen die potentiellen Leihgeber nicht mehr in die Lage versetzt, allen Leihwünschen zu entsprechen.

Angesichts dieses Umfeldes waren die Aussichten für die Realisierung des Projektes »Ägypten 2000 v. Chr.« als Koproduktion der Staatlichen Sammlung Ägyptischer Kunst München und des Ägyptischen Museums und Papyrussammlung der Staatlichen Museen zu Berlin nicht günstig. Sowohl bei den Bemühungen um die Kostenübernahme als auch bei den Gesprächen mit Kolleginnen und Kollegen an befreundeten Museen zeigte sich jedoch alsbald eine unerwartete Reaktion - ausgelöst durch eine Pause. »Wir planen im Rahmen der Millenniumsfeierlichkeiten in Bayern und Berlin eine Ausstellung mit dem Titel ›Ägypten 2000‹« schien bei den Gesprächspartnern zunächst wenig Interesse zu erregen, das um einen Augenblick verzögerte »v. Chr.« weckte aber spontane Begeisterung und erschloß unmittelbar die Bereitschaft, das Projekt aufmerksam und nicht ohne Wohlwollen zu prüfen.

So sind in kurzer Zeit die Voraussetzungen geschaffen worden, »Ägypten 2000 v. Chr.« auf eine tragfähige Grundlage zu stellen. Der Freistaat Bayern stellte Mittel aus dem Millenniumsfond zur Verfügung; in Berlin ließen sich Generaldirektor und Direktorenkonferenz der Staatlichen Museen zu Berlin sowie Vorstand und Kuratorium des Kunstforums der Berliner Volksbank für die gemeinsame Finanzierung der Ausstellung gewinnen. Die Kulturstiftung der Länder, die Ernst von Siemens-Stiftung München und die Dresdner Bank für die erste Station der Ausstellung, die R + V Versicherung und die Siemens AG Niederlassung Berlin für die zweite Station förderten durch ihren Beitrag das Projekt.

Den würdigen Ort in Bayern, die Residenz Würzburg, stellten in großzügigster Weise die Bayerische Verwaltung der staatlichen Schlösser, Gärten und Seen und die Bayerischen Staatsgemäldesammlungen zur Verfügung; in Berlin ist das Kunstforum der Berliner Volksbank ein traditionsreiches und zentrales Ausstellungsinstitut. Die Einbindung in das offizielle Millenniumsprogramm der Berliner Festspiele verleiht »Ägypten 2000 v. Chr.« in Berlin seinen besonderen Stellenwert.

Auch die Leihgeber wollten sich dem Reiz der besonderen Thematik nicht verschließen. Ein Blick in das Verzeichnis der Leihgeber zeigt die außergewöhnliche Großzügigkeit der von Leihanfragen am schlimmsten geplagten großen Häuser, aber auch die Begeisterungsfähigkeit vieler anderer Institutionen und Sammler. Beim Gang durch die Ausstellung und bei der Durchsicht des Katalogs offenbart sich der hohe künstlerische Rang der vorübergehend unserer

Obhut anvertrauten Stücke, die eine große Zahl der wichtigsten in europäischen und amerikanischen Sammlungen aufbewahrten Skulpturen des Mittleren Reiches einschließen. Wir sehen uns als Sachwalter unserer Kolleginnen und Kollegen; unsere Ausstellung ist auch ihr Werk.

Berlin – München, 2. Januar 2000

Alfred Grimm – Sylvia Schoske – Dietrich Wildung

Ein Jahrtausendschritt, wie er den äußeren Anstoß zu »Ägypten 2000 v. Chr.« geliefert hat, war den alten Ägyptern gänzlich fremd. Jahrzehnte, Jahrhunderte und Jahrtausende dienten ihnen trotz der Kenntnis und Anwendung des dezimalen Zahlensystems nicht als gedankliches Modell, die Unendlichkeit der Zeit zu strukturieren. Solche Zeitblöcke setzen einen linearen Zeitbegriff voraus, der mit einem Fixpunkt beginnt, einem *ab urbe condita*, Christi Geburt oder der Hedschra als Beginn der römischen, christlichen oder islamischen Zeitrechnung vergleichbar, und der einem fernen Zielpunkt zustrebt.

Dietrich Wildung

Einleitung

An der Stelle eines solchen zielgerichteten Erlebens der flüchtigen Zeit stand bei den Ägyptern die Erfahrung sich zyklisch wiederholender Zeiteinheiten. Eine neue Weltzeit begann mit der Thronbesteigung eines jeden Pharao. Diese neue Ära barg in sich alle Chancen und Gefahren einer Neuschöpfung der Welt, und mit Pharaos Tod drohte der Rückfall in ein urweltliches Chaos. So setzt sich nach altägyptischem Weltverständnis die Geschichte aus einer in unendliche Ewigkeit weisenden Abfolge kleiner, von der Lebensdauer des Königs abhängiger Zeiteinheiten zusammen, jede mit einem Jahr 1 beginnend.

»Ägypten 2000 v. Chr.« ist also eine zutiefst unägyptische Formulierung, aber sie steht doch - aus unserer Chronologie zurückgerechnet - für einen historisch eindeutig definierten Zeitraum, der sich geradezu als Projektionsfläche anbietet, um das Jahr 2000 n.Chr. zu spiegeln. Es ist die Epoche, die die Ägyptologie heute als das »Mittlere Reich« bezeichnet und unter Bezugnahme auf antike Historiker in die 11. (2119-1976 v. Chr.), 12. (1976-1794/93 v. Chr.) und 13. Dynastie (1794/93-1648/1645 v. Chr.) einteilt. Ihr voran geht die Pyramidenzeit, das Alte Reich (ca. 2650-2150 v. Chr.), das seinerseits auf die Frühdynastische Zeit (ca. 3050-2650 v. Chr.) folgt.

Spätere Generationen Ägyptens sehen in dieser Epoche ein Goldenes Zeitalter. Die klassische Schrift und Sprache der altägyptischen Literatur, der religiösen und politischen Texte, ist bis in die Jahrhunderte nach der Zeitenwende das Ägyptisch des Mittleren Reiches, das in den Schulen über Jahrhunderte als Hochsprache gelehrt wird. Thronnamen der Könige der 12. Dynastie werden von Pharaonen der Spätzeit Ägyptens und sogar von Herrschern des sudanesischen Königreiches von Meroe übernommen, die sich damit in die Tradition einer glorreichen Zeit der Geschichte des Niltals stellen und auf Persönlichkeiten der hohen Vergangenheit Bezug nehmen.

Für die Kunst Altägyptens setzt das Mittlere Reich Maßstäbe, die ein Jahrtausend später so sehr auf die Künstler der Spätzeit einwirken, daß bisweilen eine eindeutige Entscheidung zwischen einem Original der 12. Dynastie und einer klassizistischen Arbeit der Saïtenzeit um 600 v. Chr. kaum möglich ist (vgl. Kat. 78, 79). Die normative Kraft der Kunst dieser Zeit tritt eindrucksvoll in Erscheinung in den buchstäblich zahllosen, oft kolossalen Königsstatuen, die als Werke der 12. Dynastie von den Pharaonen der Ramessidenzeit wiederverwendet wurden, nicht unter Negierung und Tilgung ihrer historischen Herkunft, sondern als Reaktivierung einer großen, beispielhaften Vergangenheit.

Die zentrale Stellung des Mittleren Reiches im Geschichtsbewußtsein der alten Ägypter findet in dem, was aus dieser Zeit zwischen 2150 und 1650 v. Chr. an archäologischen Denkmälern erhalten geblieben ist, keinen angemessenen Ausdruck, und so nimmt es nicht wunder, daß Archäologie und Kunst des Mittleren Reiches selbst in den neuesten Publikationen über Altägypten nur am Rande erwähnt werden. Wo das Alte Reich mit seinen Pyramiden und den fast endlosen Zyklen der Grabreliefs ein gleichzeitig monumentales und facettenreiches Bild des 3. Jahrtausends v. Chr. liefert, wo die Tempelanlagen Thebens und des südlichen Oberägypten das Neue Reich und die ptolemäisch-römische Zeit zur begehbaren Geschichte werden lassen, wo sich in den hunderten von bemalten Grabkammern der 18. und 19. Dynastie eine wahrhafte Kultur- und Religionsgeschichte in Bildern entfaltet, da hat das Mittlere Reich — wenn überhaupt — nur Ruinöses zu bieten.

Von den Königsgräbern des frühen Mittleren Reiches in Theben sind nur die Grundrißspuren des Terrassentempels Mentuhoteps II. in Deir el-Bahari übriggeblieben, indirekt noch erlebbar in der unmittelbar benachbarten Tempelanlage der Königin Hatschepsut, die sich vom Grab dieses großen Ahnen inspirieren ließ. Die Pyramiden der Könige der 12. Dynastie, im Süden von Memphis in Lischt, Dahschur, Illahun und Hawara gelegen, sind aufgrund ihrer Ziegelbauweise heute nur noch Schuttberge, und die sie begleitenden Tempelanlagen sind öde Ruinenfelder — das legendäre Labyrinth Amenemhets III. in Hawara ist dafür ein trostloses Zeugnis.

Die einstige Größe der Göttertempel des frühen 2. Jahrtausends v. Chr. läßt sich nur aus Spuren erschließen. Der Grundstein zu Ägyptens heiligstem Heiligtum, zum Tempel des Reichsgottes Amun-Rê in Karnak, wird um 2000 v. Chr. von Königen der 11. Dynastie gelegt, aber der Besucher dieses Rom des alten Ägypten nimmt die wenigen erhalten gebliebenen Granitschwellen im sogenannten Hof des Mittleren Reiches in Karnak und das Fundament des zentralen Götterschreins kaum wahr. Alleine die »Weiße Kapelle« Sesostris' I. gewährt mit ihren Reliefs von kristallklarer Schärfe einen punktuellen Einblick in die einstige Pracht des Heiligtums des »Königs der Götter« zu Anfang der 12. Dynastie.

Was darüber hinaus an Tempelarchitektur dieser Zeit übriggeblieben ist, ist schnell aufgezählt: im Fayûm die schmucklosen Sanktuarräume in Kasr el-Sagha, die Statuensockel von Biahmu, das Tempelchen von Medinet Madi; in Mittelägypten der Pylonrest in Hermopolis; in Theben der Ziegeltempel auf dem Thotberg; auf der Insel Elephantine die jüngst aus Spolien wiedergewonnenen Tempel der 11. und 12. Dynastie und schließlich die Tempelreste der Festungen am 2. Katarakt in Nubien.

Die Gräber nichtköniglicher Persönlichkeiten in den Zentren Memphis und Theben lassen die Bilderfülle der Grabkammern des Alten Reiches in Gîza und Sakkâra vermissen. Nur die Felsgräber der Gaufürsten in Mittelägypten — Qau el-Kebir, Meir, Beni Hassan, Deir el-Bersche, Assiut — und in Oberägypten — Gebelên, Moalla, Hierakonpolis — zeigen, daß ursprünglich ein Bestand vorhanden gewesen sein muß, der die Tradition des Alten Reiches würdig fortsetzte.

Das volle Gewicht der Epoche des Mittleren Reiches ist jedoch trotz des lückenhaften archäologischen Bestandes nicht völlig dem Vergessen ausgeliefert. In zwei Formen künstlerischen Ausdrucks ist es bis heute überaus eindrucksvoll erhalten geblieben, in der Skulptur und in der Literatur. Ramessidische Schulschriften nennen Neferti, Cheti und Cha-cheper-Rê-seneb als berühmte Dichter der Vergangenheit; ihre Werke liegen in originalen Handschriften vor: die »Klagen des Neferti«, die von Cheti verfaßten drei Werke »Satire der Berufe«, »Nilhymnus« und »Lehre des Königs Amenemhet« sowie Cha-cheper-Rê-senebs Skeptikertext. Sie alle bezeugen das wahrhaft Neue dieser Epoche, das auch die Kunst des Mittleren Reiches mehr als alles andere prägt, die Bewußtwerdung des Menschen als handelndes Subjekt. Es bleibt ohne Belang, ob die Autoren dieser Werke der Dichtkunst fiktive oder wirkliche Personen sind. Die Textinhalte sind es, die von einer neuen Bewußtseinslage sprechen. Sie handeln von der Suche des Menschen nach seinem Platz diesseits und jenseits des physischen Todes, von seinem Zweifel an irdischer Gerechtigkeit und ewiger Seligkeit, von der Infragestellung politischer und göttlicher Autoritäten.

Dieses breite Spektrum der Äußerungsformen einer kritischen Distanz zur persönlich erlebten Umwelt gewinnt sichtbaren Ausdruck im künstlerisch gestalteten Menschenbild des Mittleren Reiches. Es tritt aus der idealisierenden Grundtendenz des Alten Reiches heraus, geht in psychologisierender Schärfe auf den Einzelnen zu und schafft damit Kunstwerke von bislang unbekannter Eindringlichkeit und hoher künstlerischer Qualität.

Diese Geburt des Individuums im Mittleren Reich zum Thema einer Ausstellung zu machen, ist nicht ohne Risiko. Inhalte und literarische Qualität der originalen altägyptischen Texte lassen sich zwar dank moderner akustischer Führungssysteme dem Besucher direkt vermitteln, aber die Botschaft der bildenden Kunst erschließt sich wohl weniger leicht, da sie hinter thematischer Einförmigkeit verborgen ist, hinter Statuen und Statuenköpfen, die ikonographisch wenig variierend erst in ihrer stilistischen Vielfalt zu an- und aufregenden Dialogpartnern werden können. Die gering entwickelte und wenig eingeübte Bereitschaft, altägyptische Kunst als *Kunst* zu sehen, steht vielleicht der Akzeptanz des Angebots dieser Ausstellung entgegen, das Wesen einzelner Herrscherpersönlichkeiten dadurch einzukreisen, daß deren Bildnis in vielfacher Brechung vorgestellt wird. Erst mit der materiellen, zeitlich begrenzten Zusammenführung einer großen Zahl von Königsporträts der 12. Dynastie wird sich erweisen, ob sich die erwartete Verdichtung von deren Persönlichkeitsbild einstellt.

Um die latente Vitalität der Porträts, die virtuelle Bewegung der Statuen, das plastische Volumen der Skulpturen sichtbar zu unterstreichen, sind um die Kunstwerke offene Gehäuse gebaut worden. Sie thematisieren und visualisieren den Raum, den die Figuren in sich tragen. An Skulpturen und graphischen Arbeiten Alberto Giacomettis und an Gemälden Francis Bacons gewonnene Seherfahrungen haben die Konzipierung dieser transparenten Raumkörper ausgelöst, in denen die Skulpturen ihr Leben entfalten und in die die Besucher wie in einen in sich geschlossenen, aber nach außen strahlenden Lebensraum blicken soll.

Günter Burkard

Aufbruch des Individuums: Die Literatur im Mittleren Reich

In der Ägyptologie hat man viele Jahrzehnte lang darüber diskutiert und auch gestritten, in welche Epoche der ägyptischen Geschichte die Geburt der Literatur – der »schönen« Literatur – zu verlegen ist. Diese Diskussion hält noch immer an, doch neigt inzwischen die überwiegende Mehrheit der Fachwelt dazu, diesen Zeitpunkt im frühen Mittleren Reich oder in der Zeit kurz davor zu sehen, also etwa um die Wende vom 3. zum 2. Jahrtausend v. Chr. Das würde genau in das Bild passen, das wir uns auch sonst von dieser Epoche machen – zu Recht machen, wie gerade diese Ausstellung zeigt: eine Zeit des Aufbruchs auf allen geistigen und kulturellen Ebenen. Wo gäbe es – neben der bildenden Kunst – mehr Entfaltungsmöglichkeiten für das Individuum als in der Literatur? Wo könnte es sich stärker ausprägen als in der Person des Dichters? Und hat man nicht auch als interessierter Laie schon von diesen Dichtern, vielleicht von den großen Weisheitslehrern gehört? Sicher kennt man wohl Sinuhe den Ägypter, der uns seine ereignisreiche Lebensgeschichte hinterlassen hat; eine Lebensgeschichte, die so spannend ist, daß sie in dem bekannten Roman von Mika Waltari neu gestaltet und in dieser Form sogar verfilmt wurde.

Bei näherer Betrachtung beginnt dieses scheinbar so klare Bild jedoch plötzlich zu verschwimmen. Gewiß, da lesen wir in den Weisheits- oder besser Lebenslehren die Namen ihrer Verfasser, meist berühmter und hochgestellter Persönlichkeiten; Wesire sind darunter, ja Könige. Wir lesen den Namen des Sinuhe, der sich als hoher Beamter des königlichen Harîms vorstellt. Dann aber begegnen wir weiteren, nicht minder bedeutenden Texten, in denen wir vergeblich nach einem Autor suchen. Da gibt es die Erzählung vom »Redekundigen Oasenmann«, die mit den schlichten Worten beginnt: »Da war einmal ein Mann, der hieß Chu-en-Anubis«; das ist der Name des Protagonisten der Geschichte, ein Verfasser ist nicht genannt. Oder die »Geschichte des Schiffbrüchigen«, wo am Anfang lapidar zu lesen ist: »Da sagte der tüchtige Gefolgsmann«; weder er noch die zweite Hauptperson der Erzählung haben überhaupt einen Namen. Die »Prophezeiungen des Neferti« – natürlich ohne Autornamen – beginnen mit dem schlichten und uns wohlbekannten »Es war einmal«.

Diese Beispiele mögen genügen. Wir müssen feststellen, daß die überwiegende Mehrzahl der ägyptischen Literaturwerke nicht nur des Mittleren Reichs keinen Verfasser nennt: Der Dichter bleibt im Dunkeln. Und ein vertieftes Studium der Thematik erweist, daß selbst dort, wo man sich zunächst auf sicherem Boden glaubte, das Gleiche gilt: Die Namen der Weisheitslehrer sind fiktiv, das weiß man heute. Einen Harîmsbeamten Sinuhe hat es nie gegeben, jedenfalls nicht als Verfasser einer Erzählung. Und wenn es schon einmal gelingt, wenigstens den Schatten eines Autors zu fassen, birgt auch das noch Überraschungen. So weiß eine spätere Überlieferung, sie stammt aus dem 14.-13. Jh. v. Chr., daß in der Zeit des Mittleren Reichs ein Schreiber namens Cheti wenigstens zwei, vielleicht drei Werke verfaßt haben soll: Die nach ihm benannte »Lehre des Cheti«, einen Hymnus an den Nil als Bringer der fruchtbaren Überschwemmung, aber auch – und das ist die eigentliche Überraschung – einen Text, der unter einem ganz anderen Namen überliefert ist: die »Lehre König Amenemhet's I. an seinen Sohn Sesostris I.«.

Wir haben es in der Literatur also mit einem Phänomen zu tun, das auch aus der bildenden Kunst Ägyptens vertraut ist: Der Künstler, ob Maler, Bildhauer oder Dichter, tritt hinter sein Werk zurück, er bleibt anonym. Die überlieferten Namen dienen vor allem dazu, die Bedeutung eines Werks zu betonen. Man greift oft weit in die Vergangenheit und auf hochgestellte Persönlichkeiten zurück, um das Werk einem bestimmten Verfasser zuzuschreiben; auch das soll seine Bedeutung unterstreichen.

So gilt der berühmte Imhotep, Wesir und Architekt des Königs Djoser aus der 3. Dynastie des Alten Reichs, Erfinder der Steinbaukunst und Erbauer der Stufenpyramide von Saqqara – die Griechen sollten ihn später auch noch als Verkörperung des Heilgottes Asklepios verehren –, als Verfasser der ersten Lebenslehre überhaupt. Diese ist nicht erhalten, wird in ägyptischen Texten aber als »Lehre des Imhotep« erwähnt. Er steht damit am Beginn einer konsequent fortgeführten Reihe: Hordjedef, ein Sohn des Cheops aus der 4. Dynastie, wird als Autor der nächsten Lehre genannt, ein (nicht sicher zu identifizierender) Wesir Ptahhotep sowie der Vater eines Wesirs Kagemni – vermutlich selbst Wesir mit dem Namen Kairsu – sind die nächsten. Auf die angebliche Lehre des Königs Amenemhet I., des ersten Königs der 12. Dynastie, wurde schon hingewiesen; ein weiterer König, diesmal der 10. Dynastie, mit Namen Merikare, erhält von seinem Vater, wohl König Cheti III., eine Belehrung.

In diesen und anderen Fällen spricht man daher heute auch nicht mehr vom Autor, sondern von der Lehrautorität. Diese nimmt entweder fiktiv die Rolle des Verfassers ein, wie in den genannten Beispielen, oder sie tritt im Text als Hauptfigur auf: etwa der Priester Neferti, der die Kunst der Prophezeiung beherrscht, oder die Weisen Ipuwer und Chacheperreseneb, die den bejammernswerten Zustand der Welt, also Ägyptens, zu ihrer Zeit beschreiben und beklagen. Andere Werke sind, wie schon gesagt, ohne jeden Verfassernamen überliefert.

Man könnte weitere Beispiele anführen, doch würden sie das Bild, wie es sich nunmehr abzeichnet, nicht mehr grundsätzlich verändern. Halten wir also fest:

Gegen Ende der ersten Zwischenzeit und am Anfang des Mittleren Reichs tritt eine ganze Reihe bedeutender und dichterisch hochstehender Werke ans Licht. Das scheint ganz plötzlich geschehen zu sein, ist aber in solcher Vollendung nicht ohne Vorgeschichte und frühere Entwicklungen denkbar. Diese Vorgeschichte können wir in aller Regel nicht fassen. Wir wissen allerdings, daß in den Texten, die uns das Alte Reich überliefert hat, die Voraussetzungen für die Entstehung der »Literatur« bereits gegeben waren oder sich anbahnten: in den Pyramidentexten etwa, die uns vielfach in Form wie Inhalt perfekt erscheinen, die aber zu sehr zweckgebunden sind (als Texte des königlichen Totenkults), um als »Literatur« gelten zu können; wohnt doch letzterem Begriff nach unseren Maßstäben ein hohes Maß an Zweckfreiheit, an Fiktionalität inne. Das Gleiche gilt für die Grabbiographien der hohen Beamten, aus denen sich im Mittleren

Reich die »historischen« Texte auf der einen und die Lebenslehren auf der anderen Seite entwickelten.

Nun sind zwar vermutlich alle Texte des Mittleren Reichs, die wir zur Literatur rechnen, nicht völlig zweckfrei, vielmehr in der Regel ganz bestimmten Intentionen untergeordnet. Doch besteht gewiß ein deutlicher Unterschied zwischen einem Pyramidentext oder einer Grabbiographie, die jeweils einer einzigen Person, einem König oder einem hohen Beamten und deren Totenkult dienten, und etwa der Erzählung des Sinuhe, die für einen wie immer gearteten, jedenfalls aber größeren Rezipientenkreis gedacht war. Das zeigt sich schon an der Art der Überlieferung: Pyramidentexte und Biographien wurden monumental als Wandinschriften in Pyramiden und Gräbern angebracht. Die »literarischen« Texte schrieb man dagegen auf Papyrus oder auf Keramik- bzw. Kalkscherben, die »Ostraka«.

Doch sollten wir nun damit aufhören, nur *über* die Texte zu reden; sie können viel besser für sich selbst sprechen. Der Reichtum an literarischen Texten, die wir aus dem Mittleren Reich besitzen – und die gewiß nur einen Bruchteil dessen darstellen, was einmal existiert hat –, zwingt allerdings zur Auswahl. Doch es ist ohnehin viel sinnvoller, weniges ausführlich vorzustellen, als von vielem nur einen flüchtigen Eindruck zu vermitteln.

Wenden wir uns zunächst zwei Literaturwerken zu, die schon genannt wurden; sie zählen zu den bekanntesten altägyptischen Texten und sind, wie sich zeigen wird, auch inhaltlich nicht voneinander zu trennen: die Erzählung des Sinuhe und die Lehre des Königs Amenemhet I.

Dieser Zusammenhang offenbart sich bereits zu Beginn der Sinuhe-Erzählung: Da wird in bewegenden Worten vom Tod Amenemhets berichtet:

> »Der König von Ober- und Unterägypten, Sehetepibre (= Amenemhet I.),
> er flog auf zum Himmel, wo er nun vereinigt ist mit der Sonnenscheibe;
> der Gottesleib, er ist nun verbunden mit dem, der ihn geschaffen hatte. –
> Die Residenz war in Schweigen, die Herzen waren in Kummer,
> das große Doppeltor (des Palastes) war geschlossen.
> Der Hofstaat hatte den Kopf auf dem Knie,
> das Volk war in Trauer.«

Dem aufmerksamen Leser ist vielleicht aufgefallen, daß in der Aufzählung der Trauernden die Hinterbliebenen der königlichen Familie, seien es die königlichen Gemahlinnen oder die Kinder, fehlen; sie werden mit keinem Wort erwähnt. Das ist sicher kein Zufall, wie sich zeigen wird; doch folgen wir zunächst weiter dem Bericht des Sinuhe:

Sesostris, der älteste Königssohn, Kronprinz und spätere König, befand sich auf einem Feldzug, als ihn die Todesnachricht erreichte. Er verließ daraufhin sofort mit wenigen Getreuen das Heer und eilte zur Residenz. Schon das ist ungewöhnlich, ebenso das Folgende: Offenbar befanden sich weitere Königssöhne im Heer, wurden aber von anderer Seite über die Ereignisse unterrichtet. Das hört Sinuhe zufällig mit, erschrickt zu Tode und – flieht:

»Mein Herz verwirrte sich, meine Arme flogen auseinander,
Zittern hatte jedes Glied befallen.
Ich entfernte mich im Springen,
um für mich ein Versteck zu suchen.
Ich begab mich zwischen zwei Büsche,
um (frei) zu machen den Weg für den, der auf ihm ging.
Ich machte mich auf den Weg nach Süden,
denn ich dachte nicht daran, zu dieser Residenz zu gelangen.
Ich befürchtete, daß ein Aufstand entstehen würde,
und ich erwartete nicht, nach ihm (noch) am Leben zu sein.«

Hier muß, soviel steht fest, etwas Besonderes geschehen sein. Sinuhe flieht über die Grenzen Ägyptens in Richtung Palästina; unterwegs wäre er beinahe umgekommen:

»Ein Durstanfall ereilte mich,
ich war (fast) erstickt und meine Kehle war trocken;
ich sprach (zu mir): Das ist der Geschmack des Todes.«

Doch in letzter Minute trifft er auf Beduinen, die ihm das Leben retten. Später wird er von dem mächtigen Scheich Amunenschi aufgenommen. Von diesem über die Situation in Ägypten befragt, stimmt Sinuhe, ungeachtet des Erlebten und Erlittenen, ein hymnisches Loblied auf den ägyptischen König an:

»Er ist aber ein Gott, nicht gibt es seinesgleichen,
nicht ist ein anderer entstanden, der ihm voraus ist.
Er ist Herr der Weisheit, mit vorzüglichen Plänen und vortrefflichen
    Befehlen,
man zieht aus und kehrt zurück auf seinen Befehl hin.
Er ist es, der die Fremdländer schlug,
und sein Vater war im Inneren seines Palastes;
er meldet das, was ihm aufgetragen worden war, als vollzogen.
Er ist wirklich ein Held, der mit seiner Kraft wirkt,
zupackend, nicht gibt es einen, der ihm gleicht.«

Amunenschi antwortet darauf nur trocken:

»Nun, da hat es Ägypten ja gut, da es weiß, daß er kraftvoll ist.
Siehe, du bist (nun aber einmal) hier, du bist bei mir:
Gut ist, was ich dir tue.«

So ist es auch. Sinuhe erhält einen Teil von Amunenschis Gebiet, heiratet die älteste Tochter seines Gönners, führt erfolgreiche Feldzüge, kurzum: Er macht Karriere im Ausland. Höhepunkt dieser Entwicklung ist sein Zweikampf mit dem »Starken von Retjenu«, einem mächtigen Widersacher in dieser Region, und natürlich bleibt Sinuhe siegreich:

»Da fielen sein Schild, sein Beil und sein Armvoll Wurfspieße nieder,
nachdem ich seinen Waffen entkommen war,
und nachdem ich an mir hatte vorbeifliegen lassen seine Pfeile,
die ins Nichts gingen, indem einer dem anderen folgte.

...

Er kam näher, ich schoß auf ihn,
der Pfeil steckte in seinem Nacken, er schrie auf.
Auf seine Nase fiel er, mit seinem Beil erschlug ich ihn.
Ich erhob mein Kriegsgeschrei auf seinem Rücken.«

Dieses Ereignis ist gleichzeitig der Wendepunkt in der Erzählung. Die Sehnsucht nach seiner ägyptischen Heimat wird immer stärker, und in dieser Situation erreicht ihn ein Brief des Königs, eben Sesostris'I., in dem ihn dieser von aller Schuld freispricht und zur Heimkehr auffordert.

Die Diskussion der Frage, was denn eigentlich Sinuhes Schuld war, dauert an und ist noch nicht abschließend zu bewerten. Übereinstimmung herrscht aber darüber, daß sie etwas mit dem gewaltsamen Tod Amenemhets I. zu tun haben muß. Wir werden gleich sehen, daß der königliche Harîm dabei eine Rolle spielte und der Harîmsbeamte Sinuhe also wohl aus Furcht floh, in diesen Fall verwickelt zu werden.

Der Brief des Königs löst bei Sinuhe natürlich Jubel aus, er antwortet ebenfalls mit einem Brief und beteuert seinerseits seine Unschuld. Sodann kehrt er nach Ägypten zurück, wobei er alleszurückläßt, was mit dem fremden Land in Verbindung steht: seinen großen Besitz, ja sogar seine inzwischen erwachsenen Kinder.

Sinuhe erhält Audienz beim König, doch als dieser Augenblick gekommen ist, wird er von seinen Gefühlen überwältigt und stürzt besinnungslos zu Boden:

»Ich fand Seine Majestät auf dem großen Thron in einer Nische aus
    Elektron.
Da nun lag ich ausgestreckt auf meinem Bauch und kannte mich nicht
    vor ihm.
Dieser Gott sprach mich freundlich an.
Ich (aber) war wie ein Mann, der gepackt wird von der Dämmerung,
meine Seele war vergangen, mein Leib war ermattet,
mein Herz, es war nicht in meinem Körper.
Ich wußte [nicht] das Leben vom Tod zu unterscheiden.
Da sagte Seine Majestät zu einem von diesen Höflingen:
›Heb ihn auf, laß ihn zu mir sprechen!‹«

Die eintretenden Kinder des Königs retten die Situation und besänftigen den unwilligen Herrscher:

»»Gnädig sei dir Re, der Herr der Länder,
Preis dir wie der Allherrin.
Leg ab deinen Bogen, lasse deinen Pfeil,

gib Atem dem, der in Atemnot ist.
Gib uns unsere schöne Festgabe(?),
diesen Scheich, den Sohn des Nordwindes,
den Bogenmann, geboren in Ägypten.
Er hat die Flucht aus Furcht vor dir unternommen,
er hat dieses Land verlassen aus Schrecken vor dir.
(Doch) nicht werde bleich das Gesicht dessen, der dein Gesicht sieht,
nicht fürchte sich das Auge, das dich erblickt.‹
Da sagte Seine Majestät: ›Er soll sich nicht fürchten,
nicht soll er stöhnen vor Schrecken.
Er wird ein Höfling sein unter den Edlen,
er soll in den Hofstaat aufgenommen werden.‹««

So nimmt alles ein gutes Ende: Sinuhe wird in Ehren wieder aufgenommen, erhält hohe Ämter, und vor allem ein Grab, in dem er nach seinem Tod bestattet wird, mit allen Notwendigkeiten für das Jenseits bestens ausgestattet.

Noch immer ist der Gesamtsinn dieses Textes umstritten; sicher läßt sich in jedem Fall sagen, daß hier ein zwar mächtiger, aber auch milder und verzeihender König geschildert ist. Dieses Bild zu vermitteln, mag einer der Gründe für die Abfassung des Textes gewesen sein.

Wenden wir uns nun der Lehre des Amenemhet I. zu. Darin spricht der königliche Vater Amenemhet zu seinem Sohn und Nachfolger Sesostris I., und er tut das – wie erneut zwar nicht allgemein, aber doch mehrheitlich angenommen wird – als toter König aus dem Jenseits. Das ist für ägyptisches Denken keine Unmöglichkeit; hat man doch beispielsweise auch Briefe an Verstorbene geschrieben, insbesondere, um in schwieriger Lage ihre Hilfe zu erbitten.

Die entscheidenden Sätze fallen gleich zu Beginn des Textes:

»Er (=Amenemhet) spricht in Eröffnung der Maat
zu seinem Sohn, dem Allherrn.
Er sagt, nachdem er als Gott erschienen ist:
›Höre auf das, was ich dir sagen werde:
Du wirst König des Landes sein!
Du wirst die Ufer beherrschen!
Du wirst das Gute vermehren!‹«

Der König ist als Gott erschienen, d.h. er ist tot, und er benennt Sesostris als seinen Nachfolger. Diese Thronfolge scheint alles andere als sicher gewesen zu sein, erinnern wir uns an den Beginn der Geschichte des Sinuhe, wo Sesostris Hals über Kopf zur Residenz aufbricht!

Die nun folgenden Lehrworte des Königs zeugen von außerordentlicher Deprimiertheit und Enttäuschung:

»Hüte dich vor Untergebenen, die nichts sind,
um deren Absichten man sich nicht gekümmert hat:
nähere dich ihnen nicht, wenn du allein bist!

Vertraue nicht einem Bruder, kenne keinen Freund,
schaffe dir keine Vertrauten, das gerät nicht!«

Wer solche Lehren erteilt, muß selbst Schlimmes erlebt haben. Davon spricht der König im weiteren, und jetzt erhalten die ungewöhnlichen Vorgänge, die Sinuhe nur andeutet, deutlichere Konturen. Amenemhet berichtet:

»Nach dem Abendessen war es, die Nacht war gekommen,
nachdem ich eine Stunde der Herzensfreude empfangen hatte.
Ich lag auf meinem Bett, nachdem ich ermattet war,
und nachdem mein Herz begonnen hatte, meinem Schlaf zu folgen.
Plötzlich wurden Waffen gezückt, man versuchte, mich zu schützen(?);
ich aber verhielt mich wie eine Schlange der Wüste.«

Betrachtet man diese Worte genau, kann man nur eine Folgerung ziehen: Die »Herzensfreude«, die der König »empfangen« und die ihn erschöpft hat, ist nichts anderes als eine auf ägyptisch-dezente Weise angedeutete Liebesstunde – wo sonst als im Harîm! Das wird sich gleich noch deutlicher zeigen. Doch zunächst folgt die Schilderung der Katastrophe: ein Angriff, der vergebliche Versuch, sich zu verteidigen, und die resignierende Feststellung, daß das nicht möglich war:

»Es gibt aber doch keinen Tapferen in der Nacht, nicht den Kampf eines
    Einzelnen,
nicht gelingt Glückliches ohne Helfer!«

Diese Ereignisse geschahen zudem, bevor der Vater den Sohn als Thronerben hatte einsetzen können:

»Siehe, das Attentat geschah, als ich ohne dich war,
bevor der Hof gehört hatte, daß ich dir übergeben wollte,
bevor ich mit dir ›gesessen war‹, damit ich deine Angelegenheiten regelte.
Denn ich hatte es nicht bedacht, hatte es nicht überlegt,
hatte nicht das Fehlverhalten der Diener berücksichtigt.«

Und dann eine Klage und Anschuldigung zugleich, die nun eindeutig auf die Täter weist:

»Hatten denn je Frauen Truppen aufgestellt?
Zieht man denn Rebellen im Palast auf?«

Es war also tatsächlich eine Harîms-Verschwörung, die den König das Leben gekostet hat. Hier erinnern wir uns an Sinuhe: Kein Wort erwähnte trauernde Gemahlinnen oder Kinder.

Nach einem Bericht über die eigenen Leistungen, der unter anderem sicherlich die besondere Ungerechtigkeit und Sinnlosigkeit des Attentats betonen soll, wendet sich der Vater abschließend nochmals an seinen Sohn und verheißt ihm eine glücklichere Zukunft:

»Sesostris, mein Sohn, meine Füße gehen (jetzt),
(aber) mein Herz gehört dir und meine Augen blicken auf dich,
(der du) geboren (bist) in einer glücklichen Stunde:
Die an der Seite des Sonnenvolks Befindlichen, sie spenden dir Preis.
Siehe, ich habe den Anfang gemacht und ich knüpfe dir nunmehr das
    Ende:
Ich will das zu Ende bringen, was ich beabsichtigt habe,
du setzest dir die Weiße Krone des Göttersprößlings auf.«

Unabhängig von sonstigen Differenzen in der Bewertung dieses Textes ist sich die Forschung weitgehend einig, daß mit ihm die Legitimität der Thronansprüche Sesostris' I. betont werden sollte. Beide Texte haben also, unabhängig von ihrem Inhalt und der sorgfältigen Form, die sie als Literaturwerke hohen Ranges ausweist, ein bestimmtes Anliegen; sie repräsentieren nicht zweckfreie Literatur, wie wir sie heute kennen. Dieser wichtige Unterschied muß bei all diesen Texten stets im Auge behalten werden.

Zwei weitere der hier ausgestellten literarischen Schätze seien im folgenden näher betrachtet. Der erste Text ist unter (modernen) Titeln wie »Der beredte Bauer« oder – etwas eleganter – »Der redekundige Oasenmann« bekannt. Die Handlung ist relativ einfach, sie spielt zur Zeit des Königs Nebkaure aus der 9. oder 10. Dynastie, also in der ersten Zwischenzeit: Ein Bauer aus dem westlich des Niltals gelegenen »Salzfeld«, dem heutigen Wadi Natrûn, belädt seinen Esel mit Produkten der Gegend und zieht zum Niltal, um dort Nahrungsmittel einzutauschen. Unterwegs beraubt ihn aber ein habgieriger Landpächter seines Esels und dessen Ladung. Der Bauer wendet sich daraufhin an den Dienstherrn dieses Pächters, einen königlichen Obergütervorsteher namens Rensi, und klagt diesem sein Leid. Rensi aber antwortet ihm nicht, sondern informiert den König, weil er sofort die außergewöhnliche Redegabe des Bauern bemerkt hat. Hierauf befiehlt der König, insgeheim für die Familie des Bauern wie für diesen selbst zu sorgen, ihm aber zunächst keine Gerechtigkeit widerfahren zu lassen, sondern seine Klagereden aufzuzeichnen. Insgesamt neunmal muß der unglückliche Mann vor Rensi erscheinen, dann endlich wird er erhört: Für ihn gibt es reiche Belohnung, für den Übeltäter strenge Strafe.

Auch diese Geschichte hat natürlich eine bestimmte Funktion; unter anderem – und sicherlich zu Recht – wurde in ihr ein Text gesehen, der die Wirkungsmacht der die ägyptische Welt ordnenden Maat, der Gerechtigkeit, bestätigt, einer Gerechtigkeit, die sich auch und gerade in der Verantwortung der Höherstehenden für ihre Untergebenen zeigt. Man spricht hier auch von »vertikaler Solidarität«. Gleichzeitig ist dieser Text aber auch ein Musterbeispiel für die »vollkommene Rede«, ein hohes Ideal, von dem es bereits in der Lehre des Ptahhotep heißt:

»Beginn der Lehrsprüche in vollkommener Rede,
gesprochen vom Fürst, Graf, Gottesvater, Gottesgeliebten,
dem leiblichen Königssohn,

dem Bürgermeister und Wesir Ptahhotep:
als Erziehung der Ungebildeten zur Bildung,
gemäß den Regeln der vollkommenen Rede,
zum Nutzen für den, der gehorchen wird,
und zum Schaden für den, der dies mißachtet.«

Doch hören wir jetzt ein wenig dem Bauern zu, dessen kraftvolle, bild- und metaphernreiche Sprache auch uns Heutige noch anzurühren vermag:

»Oberhofmeister, mein Herr, Größter der Großen, Führer von allem!
Wenn du hinabsteigst zum See der Maat,
und auf ihm fährst in günstigem Wind,
dann wird nicht eine Bö dein Segel wegreißen,
nicht wird säumen dein Schiff.
Nicht kommt Unheil hinter dir drein,
nicht zerbrechen deine Rahen.
Nicht wirst du untergehen, wenn du das Land berührst,
nicht wird dich hinwegnehmen eine Woge.
Nicht wirst du schmecken das Unheil des Flusses,
nicht wirst du sehen ein furchtsames Gesicht.«

»Oberhofmeister, mein Herr! Größter der Großen, Reichster der Reichen!
Der der Größte seiner Großen ist, der Reichste seiner Reichen!
Ruder des Himmels, Balken der Erde,
Meßschnur, die das Gewicht trägt!
Ruder, weiche nicht ab, Balken, neige dich nicht,
Meßschnur, sei nicht schief!«

»Vertreibe die Lüge, laß entstehen die Maat,
laß entstehen das Gute, vernichte das [Böse]:
(So) wie die Sättigung kommt und den Hunger vertreibt,
und Kleidung (kommt) und die Nacktheit vertreibt.
(So) wie der Himmel heiter ist nach dem starken Sturm,
indem er erwärmt alle Frierenden.
(So) wie ein Feuer, das das kocht, was frisch ist,
wie Wasser, das den Durst löscht.«

»Du gibst mir keinen Ausgleich für diese vollkommene Rede,
die aus dem Mund des Re selbst gekommen ist!
Sprich die Maat, tue die Maat,
denn sie ist mächtig, sie ist groß, sie ist dauernd!
Ihr Wert werde für gut befunden,
sie möge zur Ehrwürdigkeit leiten.
Neigt sich denn die Handwaage zur Seite?

Ihre Waagschalen sind es, die Dinge tragen,
es kann kein Über-Maß für die Richtschnur geben.«

Während die Geschichte des Sinuhe und die Klagen des Bauern den ägyptischen »Erzählungen« zugerechnet werden und die Lehre des Amenemhet den »Lehren«, gehört der vierte und letzte Text, der ausgeführt werden soll, der »Welt der Klagen« an. Zu diesen rechnet man eine ganze Reihe von Schriften, die bei aller Verschiedenheit im Detail eines gemeinsam haben: die »Klage« eben, den Jammer über die gegenwärtigen Zustände, seien sie allgemeiner Art oder mehr individueller Natur, teilweise im Kontrast zu den sehr viel besseren Gegebenheiten in der Vergangenheit. Daß auch über die Zweckbestimmung dieser Texte das letzte Wort noch nicht gesprochen ist, sei nur am Rande erwähnt. Zwei dieser Texte bzw. deren Protagonisten, Ipuwer und Chacheperreseneb, wurden schon genannt. Ihr Anliegen ist vor allem der beklagenswerte Zustand der Welt an sich. Der nun folgende Text stellt dagegen das Schicksal des Einzelnen in den Mittelpunkt und schließt damit den Kreis zum Unterthema dieser Ausstellung: dem Individuum.

Der höchst ungewöhnliche und somit viel diskutierte Inhalt führte zu Titeln wie »Das Gespräch eines Mannes mit seiner Ba-Seele«, oder prägnanter – aber nicht ganz korrekt – »Der Lebensmüde«. Beide Formulierungen zeigen, daß wir es hier in der Tat mit einer sehr persönlichen, individuellen Konstellation zu tun haben.

Worum geht es? Offenbar – der Anfang der Handschrift ging verloren – ist der menschliche Protagonist der Geschichte (dessen Namen wir nicht kennen, er spricht in der Ich-Form) am Leben verzweifelt. Die Welt, in der er sich sieht, ist eine trostlose, in der das Ordnungsprinzip der Maat – für das der »Beredte Bauer« in seiner 8. Klage so emotional geworben hatte – nicht existiert: kurz, eine Welt, die den Tod als Trost erscheinen läßt. Er spricht mit seinem Ba, vereinfachend gesagt also mit dem geistigen Teil seiner Existenz, der nach seinem Tod weiterbestehen wird. Im erhaltenen Passus dieses Streitgesprächs rät der Ba denn auch zunächst zum sofortigen Tod des Mannes, und zwar durch Verbrennen, also zur völligen Vernichtung seiner Existenz. Der Mann lehnt das ab, nicht zuletzt um Begräbnis, Totenkult und damit sein Leben im Jenseits zu sichern. Auch die drastische Ausmalung der Sinnlosigkeit von Begräbnis und Totenkult durch den Ba und dessen Aufforderung, lieber das Leben zu genießen, bringt ihn nicht davon ab.

Eine solche Anschauung mag angesichts der bekannten Jenseits-Orientiertheit der Ägypter überraschen, doch ist sie nicht unüblich. Sie hat vor allem in den späteren Harfnerliedern, deren Tendenz man gelegentlich mit dem horazischen »carpe diem« (»genieße den Tag«), in Bezug setzte, eine topische Festlegung gefunden.

Das Gespräch endet dann aber versöhnlich. Die Ba-Seele wird bis zum natürlichen Tod des Mannes von diesem »geliebt«; sie wird sich nach seinem Tod auf immer bei ihm niederlassen.

Dieser bemerkenswerte Text ist das früheste Zeugnis in Ägypten für eine Einstellung, die den Sinn von Begräbnis und Totenkult in Frage stellt und zum Lebensgenuß aufruft. Unbestrittene poetische Höhepunkte sind vier Lieder des

Mannes, in denen dieser seine Verzweiflung und auch Todessehnsucht mit eindrucksvollen Worten beschreibt:

»Siehe, mein Name ist anrüchig, siehe, mehr als der Gestank von
    Aasgeiern,
an Sommertagen, wenn der Himmel heiß ist.
Siehe, mein Name ist anrüchig, siehe, [mehr als der] Gestank eines Fanges
    von Fischen,
an Tagen des Fischens, wenn der Himmel heiß ist.
Siehe, mein Name ist anrüchig, siehe, mehr als der Gestank von Geflügel,
mehr als ein Sumpfdickicht voll von Wasservögeln.
Siehe, mein Name ist anrüchig, siehe, mehr als der Gestank von Fischern,
mehr als die Sumpfbuchten, in denen sie fischen.
Siehe, mein Name ist anrüchig, siehe, mehr als der Gestank von
    Krokodilen,
mehr als ein Uferplatz voll von Krokodilen.«

»Zu wem soll ich heute sprechen? Es wird geraubt,
jedermann bestiehlt seinen Nächsten!
Zu wem soll ich heute sprechen? Der Böse ist wie ein Freund,
der Bruder, mit dem man lebte, wurde zum Feind!
...

Zu wem soll ich heute sprechen? Die Gesichter sind abgewandt,
jedermann blickt nach unten gegenüber seinen Brüdern!
Zu wem soll ich heute sprechen? Die Herzen betrügen,
nicht existiert das Herz eines Mannes, auf das man sich stützen kann!
Zu wem soll ich heute sprechen? Es gibt keine Gerechten,
das Land bleibt den Sündern überlassen!«

»Der Tod steht heute vor mir wie das Gesunden eines Kranken,
wie das Herauskommen nach dem Zurückgehaltenwerden.
Der Tod steht heute vor mir wie der Duft von Myrrhe,
wie das Sitzen unter einem Segeldach am windigen Tag.
Der Tod steht heute vor mir wie der Duft von Lotus,
wie das Sitzen am Ort des Trinkens.
Der Tod steht heute vor mir wie das Aufhören des Regens,
wie wenn ein Mann nach einem Feldzug nach Hause kommt.«

Am Ende aber folgen die trostvollen Worte der Ba-Seele:

»Liebe mich hier, nachdem du (jetzt) den Westen (=den Tod)
    zurückgewiesen hast!
Du sollst aber wünschen, daß du (dann) den Westen erreichst,
wenn deine Glieder die Erde berühren (=wenn du stirbst).
Ich werde mich niederlassen, nachdem du ermattet bist,
dann werden wir eine Wohnstätte herrichten, gemeinsam!«

»[Es kam dieser herrliche Gott, Amun, der Herr der Throne der Beiden
Länder (= Ägypten)], nachdem er sich verwandelt hatte in die Majestät dieses ihres Gemahls, des Königs von Ober- und Unterägypten ›Groß an
Gestalt und Lebenskraft, ein Re‹ (= Thutmosis I.). Sie fanden sie (= die
Königsgemahlin), wie sie ruhte in der Schönheit ihres Palastes. Sie erwachte
wegen des Geruches des Gottes; sie lächelte angesichts Seiner Majestät. Da
ging er sogleich zu ihr und wurde heiß gegen sie. Er gab sein Herz in sie, er
ließ sie ihn sehen [in] seiner Gestalt als Gott, nachdem er vor sie gekommen
war. Sie freute sich, seine Schönheit zu sehen, seine Liebe ging ein in ihren
Leib …

Es sprach nun die Königsgemahlin und Königsmutter Ahmose zu der Majestät dieses herrlichen Gottes, Amun, Herr der Throne der Beiden Länder,
nachdem die Majestät dieses Gottes alles, was er wollte, mit ihr getan hatte:
›Mein Herr, wie groß ist doch dein Ruhm. Herrlich ist es, dein Angesicht zu
schauen. Du hast meine Majestät erfüllt mit deiner Herrlichkeit. Dein Tau
ist in allen meinen Gliedern.‹«

So propagiert im Neuen Reich – in der 18. Dynastie – die Königin Hatschepsut in der ihrer fiktiven göttlichen Legitimation dienenden Geburtslegende ihre
angebliche Zeugung durch den Götterkönig Amun. Diese Idee von der Gottes-
sohnschaft des altägyptischen Königs ist jedoch keineswegs neu, sondern Hatschepsut greift hier zurück auf das Königsdogma des Mittleren Reiches, auf
jenes »Goldene Zeitalter«, dessen Traditionen sie bewußt wieder aufnimmt.

ALFRED GRIMM

Macht des Schicksals: Königtum zwischen Selbstreflexion und Selbstrepräsentation

Königsdogma: Gott und Mensch

»Von göttlicher Geburt« – so lautet innerhalb der fünfteiligen Königstitulatur
der »Herrinnenname« von König Sesostris III. aus der 12. Dynastie, also aus der
Blütezeit des Mittleren Reiches. Von der göttlichen Abkunft des altägyptischen
Königs wird – in literarischer Form – erstmals in den »Wundererzählungen
vom Hofe des Königs Cheops und der wunderbaren Geburt der drei Königs-
kinder« berichtet, die ein seltsam zwiespältiges Bild dieses Königs aus der
4. Dynastie, also aus der Blütezeit des Alten Reiches zeichnen. In diesem, aus
dem späten Mittleren Reich – vermutlich aus der 15. Dynastie – stammenden
Text (*Kat. 1*) wird König Cheops von dem Zauberer Djedi die Geburt von Dril-
lingen prophezeit, die dereinst vom Sonnengott Re selbst gezeugt und dann den
Thron des »Königs von Ober- und Unterägypten« besteigen werden. Historisch handelt es sich bei diesen zukünftigen Königen um die ersten drei Könige
der 5. Dynastie: Userkaf, Sahure und Neferirkare. In den episodenhaften
»Wundererzählungen« wird als ihre Mutter eine Frau namens Ruddjeded
genannt, Frau eines Priesters des Sonnengottes Re, in der – als Pseudonym eines
»roman à clef« – die Königsgemahlin Chentkaus vermutet worden ist, die
wichtigste Person im Übergang von der 4. zur 5. Dynastie, als deren Stamm-
mutter sie gilt:

»Da sagte Seine Majestät (= Cheops): ›... Aber was du da sagst – wer ist denn das, diese Ruddjeded?‹. Djedi sagte: ›Das ist die Frau eines Priesters des Re, des Herrn von Sachebu, die mit drei Kindern des Re, des Herrn von Sachebu, schwanger ist. Und Re hat zu ihr gesagt, daß sie (= die Kinder) das Hirtenamt (= Amt eines Königs) in diesem ganzen Lande ausüben sollen, und daß das älteste von ihnen Hoherpriester von Heliopolis sein wird.‹ Darüber ward das Herz Seiner Majestät traurig. Aber Djedi sagte: ›Was soll diese Stimmung, mein König? Ist es wegen der drei Kinder? Dazu kann ich sagen: Erst (folgt dir) dein Sohn, dann dessen Sohn, dann erst einer von ihnen.‹«

Zweifellos wird mit dieser, in einer politischen Parabel endenden Prophezeiung der Versuch unternommen, den Herrscherwechsel von der 4. zur 5. Dynastie durch die fiktive göttliche Legitimierung der neuen Könige der 5. Dynastie zu begründen. Diese rund 700 Jahre nach dem erfolgten Dynastiewechsel verfaßte Legitimationsfiktion könnte jedoch vielleicht implizieren, daß die Herrschaftslinie des Cheops zur damaligen Zeit nicht als rechtmäßig regierende königliche Linie angesehen bzw. anerkannt worden ist. Deutlich wird dies auch durch den erstmals in den »Wundererzählungen« greifbar werdenden Kontrast zwischen Cheops als dem fehlbaren und Snofru, seinem Vater und Vorgänger, als dem guten König; jedenfalls wird ein solcher Gegensatz in den »Wundererzählungen« konstruiert – und auch in den aus dem Mittleren Reich stammenden »Prophezeiungen des Neferti« gilt Snofru als der »treffliche« König:

> »Es gab einmal die Majestät des Königs der Beiden Länder (= Ägypten)
>   Snofru,
> als trefflichen König in diesem ganzen Land«

Dieser Kontrast zwischen Snofru und Cheops sowie die damit verbundene negative Charakterisierung des Cheops – die später dann in der antiken Überlieferung bei Herodot zur Porträtierung dieses Herrschers als gottlosem Tyrannen führt – scheinen jedoch eher eine politischen Zwecken dienende Haltung des Mittleren Reiches zu dokumentieren, nicht unbedingt aber eine historische Wirklichkeit zu reflektieren. Dies zeigt sich in den »Wundererzählungen« insbesondere in der Suggestion eines angeblich unrechtmäßigen Legitimationsanspruches des Cheops und der vorgeblich rechtmäßigen Legitimation der göttlichen, von den Herrschern des Mittleren Reiches als königliche Ahnen verehrten Könige der 5. Dynastie.

Diese Könige nennen sich in ihrer Titulatur konsequent »Sohn des Re«; dieser Titel gehört seitdem zur kanonischen Titulatur altägyptischer Könige. Ein solches, sicherlich jüngeres Göttlichkeitsdogma, das den König als Sohn des Sonnengottes Re bestimmt, läßt sich bislang erstmals bei König Djedefre, Sohn und Nachfolger des Cheops, belegen, der sehr wahrscheinlich tatsächlich als Erster diesen Titel trägt: Als »Sohn des Re« ist somit der König zumindest »expressis verbis« nicht mehr ein Gott – so das ältere, in der Frühzeit Ägyptens wurzelnde Göttlichkeitsdogma des Königs –, sondern nur mehr der Sohn eines Gottes. Diese hochspekulative Zweinaturenlehre vom Wesen des Königs setzt sich dann mit Beginn der 5. Dynastie allgemein durch. Der Titel »Sohn des Re« ist der eindeutige Hinweis darauf, daß sich der König zunehmend seiner weltlichen, also sterblichen Natur bewußt geworden ist.

Gott und Mensch – Mensch und Gott: Gemäß dieser im Königsdogma verankerten Vorstellung von seinen beiden höchst unterschiedlichen Naturen läßt sich König Niuserre aus der 5. Dynastie in einer eindrucksvollen Doppelstatue (*Kat. 2*) darstellen, die ihn einerseits jugendlich-idealisiert als Gott, andererseits deutlich altersgeprägt als Mensch zeigt. Der König ist Gott und Mensch zugleich; durch seine »übernatürliche« Doppelnatur verbindet er die menschlich-irdische und die überirdisch-götterweltliche Sphäre miteinander und nimmt dadurch eine Mittlerstellung zwischen den Göttern und den Menschen ein.

Krisenzeit: Umbruch und Wandel

Bereits im Verlauf der Pyramidenzeit mit ihren monumentalen, die jenseitige Existenz der Gottkönige jener Zeit symbolisierenden Grabbauten, setzt somit eine tiefgreifende Entwicklung ein, die im König nicht länger mehr einen auf Erden weilenden Gott sieht, sondern ausschließlich einen Gottessohn und Gotteserben, ihn dadurch also sukzessive »vermenschlicht«. Dieser bedeutsame Wandel des altägyptischen Königsbildes und damit notwendigerweise auch des Königtums wird allerdings erst nach dem Zusammenbruch des Alten Reiches greifbar, also in jener unmittelbar darauffolgenden, zwischen dem Alten und dem Mittleren Reich liegenden historischen Epoche, die neutral als »Erste Zwischenzeit« bezeichnet wird. Der früher gebräuchliche Terminus »Erste Wirre« charakterisiert weitaus treffender die politischen und sozialen Verhältnisse dieser rund 100 Jahre währenden »Zwischenzeit«.

»Welt der Klagen«: Eine detaillierte Vorstellung von der damaligen desolaten Lage Ägyptens ohne staatliche Ordnung vermitteln – in einem späten Reflex der Klageliteratur bzw. »Auseinandersetzungsliteratur« der 12. Dynastie auf die zumindest teilweise chaotischen Zustände jener »dunklen« Periode innerer Wirren – die wohl erst gegen Ende des Mittleren Reiches entstandenen »Mahnworte des Ipuwer«:

> »Seht doch, Dinge sind getan, die noch niemals geschahen –
> ein König ist fortgenommen (aus dem Grab?) vom Gesindel!
> Seht doch, der als Falke begraben war, ist gepackt,
> was die Pyramide verbarg, ist geleert worden!
> Seht doch, das Land wird arm gemacht an Königtum
> durch wenige Menschen, die keinen Plan haben!
> Seht doch, (man) ist dabei sich zu empören
> gegen die starke Uräusschlange des Re (=König), welche die Beiden Länder
>   (= Ägypten) befriedet hat!
> Seht, das Geheimnis der Welt,

dessen Umriß unbekannt war, ist enthüllt,
die Residenz ist zusammengestürzt in einer Stunde!
…

Seht, die Urschlange ist aus ihrer Höhle genommen,
enthüllt sind die Geheimnisse der Könige Beider Länder!«

Der allmählich schwindende Einfluß des Königshauses wird erstmals im späten Alten Reich spürbar. Bereits in der 6. Dynastie, gegen Ende des Alten Reiches, beginnen sich hohe Beamte in der Residenz Memphis und insbesondere in den Provinzhauptstädten aus ihrem bisherigen Abhängigkeitverhältnis vom Königshaus loszulösen bzw. davon gänzlich zu befreien. Diese separatistischen Unabhängigkeitsbestrebungen führen schließlich am Ende des Alten Reiches zur Auflösung eines gesamtägyptischen Königtums alter Ordnung: Ägypten wird in eine innen- und außenpolitische Krise gestürzt.

»Erste Zwischenzeit« bedeutet somit zuallererst den Verlust jeglicher königlichen Zentralgewalt sowie die damit verbundene politische, schließlich im Bürgerkrieg endende Zersplitterung des gesamten Landes im Zeitraum von der 8. bis zur 11. Dynastie. Lokale ephemere Herrscher folgen als Könige entweder in schnellem Wechsel aufeinander oder regieren bisweilen auch nebeneinander, zeitweise gibt es sogar überhaupt keinen König mehr. Dadurch ist die in unvordenkliche Zeiten zurückreichende traditionelle Institution des Königtums selbst in ihrem Fortbestand bedroht, wenn auch – mangels Alternative zum traditionellen Königtum – als solche nicht in Frage gestellt.

Eine scheinbar für selbstverständlich gehaltene Weltordnung hat schlagartig aufgehört zu existieren. Vom ehemaligen Glanz der Pyramidenzeit und der absolutistischen Herrlichkeit ihrer Gottkönige – insofern solches mangels inschriftlicher Quellen aus den gigantomanen Bauwerken und den relativ wenigen originalen königlichen Kunstwerken jener Epoche erschlossen werden kann – ist letztendlich nicht viel mehr übriggeblieben als die sicherlich glorifizierende Erinnerung an dieses »Eherne Zeitalter«.

Nicht mehr *ein* »König von Ober- und Unterägypten« lenkt nunmehr die Geschicke des Landes, sondern es sind die mächtigen Gaufürsten Mittel- und Oberägyptens, die jetzt eine zunehmend dominierende Rolle zu spielen beginnen, aus der dann Hegemoniebestrebungen einzelner Gaufürsten erwachsen werden. An die Stelle *einer* Landeshauptstadt als Zentrum der Macht treten nun die verschiedenen, über das gesamte Land verteilten Gauhauptstädte als politische, wirtschaftliche, religiöse und kulturelle Lokalzentren.

Die dort seit langem ansässigen Gaufürsten übernehmen für ihren territorial eng begrenzten Herrschaftsbereich die alleinige Verantwortung. Dementsprechend steht im Mittelpunkt der biographischen, in seinem Grab in Moalla angebrachten Inschrift des Gaufürsten Anchtifi das alleinige, völlig eigenverantwortliche und keiner übergeordneten politischen Instanz verpflichtete Handeln,

**Gaufürsten (I):
Selbstbewußtsein und Selbstherrlichkeit**

die alleinige, ausschließlich auf das Gemeinwohl konzentrierte Fürsorge für seine Untertanen, die alleinige Bewältigung einer schwierigen Notsituation wie das erfolgreiche, durch vorausplanende Vorratshaltung erreichte Abwenden einer Hungersnot von seinem eigenen Gau sowie die damit verbundene großzügig gewährte humanitäre Hilfe für die Nachbargaue, das heißt die sozial gerechte Verteilung vorhandenen Überflusses:

> »Diese meine oberägyptische Gerste war es da, die stromauf gelangte und (bis) nach Nubien kam; die stromab gelangte und (bis) zum Thinitischen Gau (= Abydos) kam, während (sonst) ganz Oberägypten Hungers starb, und jedermann seine Kinder eins nach dem anderen auffraß. Ich aber habe nie zugelassen, daß es in diesem Gau einen gab, der vor Hunger hätte sterben müssen. Dazu habe ich auch noch Oberägypten ein Saatgutdarlehen gegeben und dem Norden oberägyptische Gerste auf Pump (?).«

Aus ihrer Unabhängigkeit sowie der erfolgreichen Bewältigung von Krisensituationen beziehen somit diese allgewaltigen, innenpolitisch souveränen Gaufürsten ein mitunter bis zur Selbstherrlichkeit gesteigertes Selbstbewußtsein. Sie regieren in ihren politisch und wirtschaftlich weitestgehend autonomen Gauen als Duodezfürsten mit »Kleinkönigsmentalität«, wovon ihre autobiographischen Texte ein überaus beredtes Zeugnis liefern. So charakterisiert sich beispielsweise Anchtifi folgendermaßen:

> »Ich bin der Anfang der Menschen und das Ende der Menschen; denn das Entstehen eines mir Gleichen gibt es (bis jetzt) nicht, und nicht wird ein solcher (je) entstehen; ein mir Gleicher ist (noch) nicht geboren worden, und nicht wird er (je) geboren werden. Ja ich habe übertroffen, was meine Vorfahren getan haben, und meine Nachfolger werden mich in allem, was ich gemacht habe, nicht erreichen, in dieser (kommenden) Million von Jahren.
> …
> Ich bin der Held ohne Gleichen.«

Dieses abschließende »Ich bin der Held ohne Gleichen« wird im Text stereotyp wiederholt: Aber hier spricht eben *kein* König, hier rühmt sich – fern aller Bescheidenheit – ein Gaufürst im vollen Bewußtsein seiner Machtfülle *wie* ein König. Mit den königlichen Privilegien haben die Gaufürsten auch solche bisher ausschließlich dem König vorbehaltenen hymnischen Selbstcharakterisierungen übernommen. Die im Alten Reich vorsichtig beginnende Loslösung aus der »archaischen Gebundenheit« ist damit aber auch an einem Endpunkt angelangt. Diese Entwicklung führt dann in der 11. Dynastie zurück zum traditionellen Königtum und damit konsequenterweise zur Wiederherstellung der alten Reichseinheit unter einem neuen gesamtägyptischen »König von Ober- und Unterägypten«, unter dem später als »Gründerkönig« und Reichseiniger verehrten und vergöttlichten König Mentuhotep II.

Die Reichseinigung unter dem Thebaner Mentuhotep II. beendet den Bürgerkrieg und stellt die staatliche Ordnung wieder her. Ihr gehen die kriegerischen Auseinandersetzungen zweier rivalisierender Königshäuser aus den beiden Landesteilen Unter-/Mittelägypten und Oberägypten voran, die mit dem Sieg des Südens über den Norden, dem Sieg der Thebaner über die Herakleopoliten – die gewissermaßen das Erbe der alten Landeshauptstadt Memphis angetreten hatten – enden.

Auch im historischen Bewußtsein der Nachwelt gelten dann die thebanischen Gaufürsten und Kleinkönige als die Stammväter des Mittleren Reiches: Auf das »Eherne Zeitalter« des Alten Reiches folgt nunmehr, nach einem zirka 100 Jahre währenden »Interregnum«, das »Goldene Zeitalter« des Mittleren Reiches – die traumatischen Erfahrungen der »Ersten Zwischenzeit« wirken aber noch lange nach. Das altägyptische Weltbild hat sich entscheidend verändert: Die Welt ist nicht nur komplexer und vielschichtiger geworden, sie ist existenzbedrohend als unvollkommene, jederzeit durch menschliche Willkür gefährdete Schöpfung erfahren worden. Aus dieser Sinnkrise erwächst der für Altägypten zunächst äußerst befremdlich erscheinende, nur im Kontext der historischen Ereignisse begreifbar und verständlich werdende Vorwurf an den Schöpfergott.

Dieser »Vorwurf an Gott« findet sich in den »Mahnworten des Ipuwer«:

Sinnkrise: »Vorwurf an Gott«

> »Seht, weshalb sucht er (Menschen) zu schaffen,
> wenn der Scheue nicht vom Gewalttätigen unterschieden ist,
> so daß er Kühlung auf die Hitze brächte?
> Wohl sagt man: ›Er ist ein Hirte für jedermann,
> keine Schlechtigkeit ist in seinem Herzen‹,
> aber dürftig ist seine Herde, wenn er sie den Tag lang gehütet hat,
> (denn) hitzig sind ihre Herzen.
> O hätte er doch ihr Wesen erkannt im ersten Geschlecht,
> dann hätte er (sie) mit Unheil geschlagen und den Arm gegen sie ausge-
>   streckt,
> hätte sein Vieh vernichtet und ihre Erben, wenn man noch gebären wollte!
> Verhärtung des Herzens ist entstanden,
> Bedrängnis ist auf allen Wegen.
> So ist jenes (Unheil) nicht vorbeigegangen,
> solange diese Götter in ihrer Mitte waren
> und der Same hervorging aus den Menschenfrauen.
> Man kann (sie) jetzt nicht auf dem Wege finden,
> denn Handgemenge ist aufgekommen,
> und vertrieben (sind sie) durch das Unheil, das sie entstehen ließen.
> Es gibt keinen Lotsen zu ihrer Stunde –
> wo ist er denn heute?
> Schläft er etwa? Man sieht ja seine Macht nicht!
> Als wir in Trauer waren, konnte ich dich nicht finden.

Man kann dich nicht anrufen, bist du doch frei von Zorn dagegen – Strafe
    des Herzens ist das!
Die Empörer aber, die im Munde aller Leute sind,
jetzt ist die Furcht vor ihnen (größer)
als vor Millionen von Menschen.
…
Beseitigt sind Hu, Sia und Maat, die mit dir waren,
und Umsturz ist es, was du durch die Welt gehen läßt,
zusammen mit Lärm und Aufruhr –
siehe, einer kämpft gegen den anderen,
denn man mißachtet, was du befohlen hast!
Wenn drei Männer dahingehen auf dem Weg,
dann findet man nur noch zwei Männer,
denn die Mehrheit tötet die Minderheit.
Ist denn ein Hirte, wer das Sterben liebt?
Dann magst du befehlen, (so) zu tun!
Geantwortet wurde: ›Geliebt ist der eine, gehaßt der andere,
so sind ihre Bilder gering auf allen Wegen.‹
Du aber hast veranlaßt, daß es so wurde, Lüge hast du gesprochen!
Die Welt ist verwildert, die Menschen sind zugrunde gerichtet,
man wird nicht mehr unter die Lebenden gezählt!«

Dieser fulminante Vorwurf an den göttlichen Hirten trifft neben Gott vor allem den König als den direkten Erben des Schöpfergottes, der ihm die Herrschaft auf Erden übertragen hat. Im Zentrum dieses Vorwurfs gegen den göttlichen Hirten steht die entscheidende Frage, wieso Gott zwar die Menschen erschaffen hat, sie aber dann sich selbst und ihren offenkundigen Unzulänglichkeiten überläßt, ohne sich um sie wie ein Hirte um seine Herde – ein Topos jener Zeit – zu kümmern.

Von Gott verlassen: Entscheidend ist, daß diese Frage nach der Gerechtigkeit Gottes überhaupt gestellt werden konnte. Als Folge einer generellen Sinnkrise werden somit im »Vorwurf an Gott« die göttliche Weltordnung und damit das religiöse Weltbild und die überlieferte Sinnwelt überhaupt in Frage gestellt.

»Idealkönig«:
Chaos und Heilserwartung

»Welt der Klagen«: Auch in den wohl kurz nach Beginn der 12. Dynastie entstandenen und – als Inanspruchnahme königlicher Autorität – vorgeblich von König Snofru aus der 4. Dynastie des Alten Reiches selbst niedergeschriebenen »Prophezeiungen des Neferti«, wird Ägypten als gottloses, im Chaos versunkenes Land geschildert; dessen letzter »Idealkönig« sei Snofru gewesen:

»»Ich zeige dir das Land in schwerer Krankheit,
was nicht geschehen sollte, ist geschehen:
Man wird Waffen des Krieges ergreifen,
so daß das Land im Umsturz lebt.

Man wird Pfeile aus Kupfer machen
und Blut für Brot fordern.
Man lacht mit bitterem Lachen;
man wird den Tod nicht mehr beweinen
und nicht mehr fasten um einen Toten,
denn jeder ist nur mehr mit sich selbst beschäftigt.
Man hält die Trauer nicht mehr ein,
die Menschen haben sich ganz aufgegeben.
Ein Mann sitzt da und kehrt den Rücken,
während einer den anderen tötet.
Ich zeige dir den Sohn als Gegner, den Bruder als Feind,
einen Mann, der seinen Vater tötet!
…
Das Land ist gering, aber der Herrschenden viele,
es ist verwüstet, aber seine Steuern sind hoch …‹«

Diese abgrundtief pessimistischen, die Unzulänglichkeit der Schöpfung bekla-
genden »Prophezeiungen« enthalten aber auch die Heilserwartung jener Zeit:
Die Menschheit befindet sich in Erwartung eines neuen Zeitalters. So wird in
diesen sicherlich fiktiven »Prophezeiungen« das Kommen eines zukünftigen
Herrschers namens »Ameni« und dessen Herrschaft als gleichsam messianische
Vision geschildert. Hinter dem sehnlichst erwarteten Heilsbringer »Ameni«
verbirgt sich aber niemand anderer als König Amenemhet I., der erste König der
12. Dynastie, dessen dynastische Legitimation – da er nichtköniglicher Abkunft
gewesen und möglicherweise durch eine Palastrevolte an die Macht gekommen
ist – durch diese als »Prophezeiung« abgefaßte Propagandaschrift abgesichert
werden sollte:

>»Aber ein König des Südens wird kommen, Ameni mit Namen,
Sohn einer Frau aus Nubien
und ein Kind Oberägyptens ist er.
Er wird die Weiße Krone nehmen
und er wird die Rote Krone tragen –
so wird er die Beiden Mächtigen (= die beiden Kronen) vereinen
und wird die Beiden Herren zufriedenstellen nach ihrem Wunsch …
Freut euch, ihr Menschen seiner Zeit,
(denn) der Sohn guter Herkunft wird sich einen Namen machen
bis in alle Ewigkeit!«

In den »Prophezeiungen« gilt somit Amenemhet I. als Wiederhersteller der
Ordnung und zweiter »Idealkönig« nach Snofru; sie suggerieren also ein fast
700 Jahre währendes Interregnum und lassen dadurch Amenemhet I. als unmittelbar in der Tradition des Alten Reiches stehenden König erscheinen – als
sicherlich überhöht dargestellten Erneuerer einer fernen, idealistisch verklärten
glorreichen Vergangenheit. Und auch in der sehr wahrscheinlich gegen Ende des

Alten Reiches verfaßten, nur fragmentarisch in einer Abschrift aus dem Mittleren Reich überlieferten »Lehre für Kagemni« gilt Snofru als Königsvorbild schlechthin:

> »... und die Majestät des Königs von Ober- und Unterägypten Snofru stand auf als wohltätiger König in diesem ganzen Lande.«

Der tiefgreifende Wandel, dem jedoch das Königsbild vom Ende des Alten bis zum Beginn des Mittleren Reiches unterworfen war, ist mit beeindruckender Intensität in zwei bedeutenden Literaturwerken dieser Zeit dokumentiert: In der »Lehre für König Merikare« und der »Lehre des Königs Amenemhet I. an seinen Sohn Sesostris I.«, die beide zur Gattung der »Königslehren« gehören, erscheint der König nicht länger als gleichsam abstraktes, diffus-göttergleiches Wesen, sondern neuerdings als konkrete Person – als fehlbares und sterbliches menschliches Individuum!

Königsfrevel: Schuld und Sühne

Von der Fehlbarkeit und der damit verbundenen Schuld eines Königs berichtet erstmals die »Lehre für König Merikare«. In diesem ersten »Fürstenspiegel« der Weltliteratur erteilt ein unbekannter König aus der 10. Dynastie – vielleicht König Cheti III. – seinem Sohn und Nachfolger König Merikare genaue Maximen für dessen Regierung; beide Könige gehören der von den Thebanern besiegten Dynastie der Herakleopoliten an, die ein Mann namens Cheti begründet hatte.

Diese »Königslehre« scheint jedoch nicht zeitgenössisch, sondern wie die »Lehre des Königs Amenemhet I.« erst in der Regierungszeit von König Sesostris I. – also in der 12. Dynastie – entstanden zu sein. König Cheti – der am Ende seines Lebens zu sprechen, also eine Bilanz seines bisherigen Lebens zu ziehen scheint – reflektiert darin die Ursachen seines selbstverschuldeten Scheiterns in der Form einer im Alten Reich völlig undenkbaren Selbstanklage. Die Schuld des Königs bestand demnach in der Schändung der Königsnekropole, sehr wahrscheinlich in der Zerstörung bestehender Königsgräber zur Gewinnung von Baumaterial für seine eigene Grabanlage:

> »Siehe, ein schlechtes Ereignis geschah in meiner Zeit,
> indem die Regionen von (...?...) vernichtet wurden.
> Denn es geschah infolge dessen, was ich tat.
> Ich weiß es, nachdem gehandelt wurde.
> Siehe, Mangel kam aus dem, was ich gemacht habe.
> Elend ist nun das Zerstören.
> Es gibt keinen, dem es nützt zu restaurieren, was er verwüstete,
> zu bauen, was er abriß, zu verschönern, was er entstellte.
> Hüte dich davor!
> Ein Schlag wird mit seinesgleichen vergolten.
> Alles Getane ist, was man als Anteil erhält.«

Dieser erstaunlich rückhaltlosen Schilderung des eigenen Frevels steht die Ermahnung an seinen Sohn und Thronerben voran:

>>Zerstöre also nicht das Monument eines anderen,
sondern du sollst Stein in Tura brechen.
Baue dein Grab nicht aus dem Abriß des Gebauten für das, was gebaut
    werden soll.
Siehe, König, Herr der Herzensfreude,
du wirst träge sein und in deiner Stärke schlafen können.
Folge deinem Herzen infolge dessen, was ich getan habe.<<

Der König als Verwirklicher und damit als Garant der Weltordnung – altägyptisch: >>Maat<< – hat mit dem von ihm begangenen Sakrileg bewußt gegen diese göttliche Weltgerechtigkeit und Weltordnung verstoßen: Er wird dafür wie jeder andere Mensch von den Göttern zur Rechenschaft gezogen und dementsprechend bestraft. Gleichzeitig ist aber die individuelle königliche Erfahrung des Scheiterns, von Schuld und Sühne, gültig für die gesamte Menschheit: Niemand, ob König oder Privatperson kann sich der göttlichen Gerechtigkeit entziehen. Dieses universale Gleichheitsprinzip erschließt eine völlig neue Dimension des altägyptischen Königtums: Der König ist – zumindest vor Gott bzw. den Göttern – zu einem Menschen unter Menschen geworden.

Von der Ermordung eines Königs berichtet dann erstmalig die >>Lehre des Königs Amenemhet I. für seinen Sohn Sesostris I.<<. Etwas Ungeheuerliches hat sich ereignet: Der >>Gute Gott<< König Amenemhet I. ist einem Mordanschlag – einer Harîms-Verschwörung – zum Opfer gefallen, ein zweifellos historisches Ereignis, von dem indirekt auch in der >>Sinuhe<<-Erzählung die Rede ist.

Die Person des Königs ist nicht mehr sakrosankt – Enttabuisierung des Königsmordes! –, sondern unverhohlen das Ziel partikularistischer machtpolitischer Interessen geworden:

>>Siehe, das Attentat geschah, als ich ohne dich war,
bevor der Hof gehört hatte, daß ich dir übergeben wollte,
bevor ich mit dir ›gesessen war‹, damit ich deine Angelegenheiten regelte.
Denn ich hatte es nicht bedacht, hatte es nicht überlegt,
hatte nicht das Fehlverhalten der Diener berücksichtigt.<<

Der ermordete König spricht in dieser >>autobiographischen<<, dem Dichter Cheti zugeschriebenen Lehre als Verstorbener entweder aus dem Totenreich oder aus dem Jenseits und teilt seinem Sohn und Nachfolger König Sesostris I. seine aus dieser bitteren Lebenserfahrung gewonnene zutiefst pessimistische Einsicht mit:

>>Hüte dich vor Untergebenen, die nichts sind,
um deren Absichten man sich nicht gekümmert hat:
Nähere dich ihnen nicht, wenn du allein bist!

Vertraue nicht einem Bruder, kenne keinen Freund,
schaffe dir keine Vertrauten, das gerät nicht!«

Von seiner Göttlichkeit spricht der König nicht – erst nach seinem gewaltsamen Tod wird, altägyptischer Tradition folgend, König Amenemhet I. zu einem Gott »verklärt«; im »Sinuhe« heißt es darüber:

»Der König von Ober- und Unterägypten, Sehetepibre (= Amenemhet I.), er flog auf zum Himmel, wo er nun vereinigt ist mit der Sonnenscheibe; der Gottesleib, er ist nun verbunden mit dem, der ihn geschaffen hatte.«

Königslehren: Menschliches, Allzumenschliches

Macht des Schicksals: Beiden »Königslehren« gemeinsam ist das als selbstreflexives Schuldbekenntnis dieser vielleicht allzu menschlich dargestellten Könige formulierte Eingeständnis schwerwiegender, letztlich nicht wiedergutzumachender Fehler mit jeweils fatalen Folgen, verbunden mit den daraus resultierenden eindringlichen Warnungen an ihre Söhne und Thronerben. Der wider besseres Wissen verübte Frevel – so bei König Cheti – hätte durch eigene Einsicht vermieden werden müssen, die Ermordung – so bei König Amenemhet I. – hätte durch vermehrte eigene Wachsamkeit verhindert werden können. In der »Lehre des Königs Amenemhet I.« wird mit der aus dieser tragischen Einsicht resultierenden eindringlichen Belehrung die nachträgliche Legitimierung seines Sohnes zum Königsamt verbunden, als politisches Manifest zugunsten des Thronfolgers:

»Er (= Amenemhet I.) spricht in Eröffnung der Maat
zu seinem Sohn, dem Allherrn.
Er sagt, nachdem er als Gott erschienen ist:
›Höre auf das, was ich dir sagen werde:
Du wirst König des Landes sein!
Du wirst die Ufer beherrschen!
Du wirst das Gute vermehren!‹«

Jede dieser beiden »Königslehren« stellt somit eine Art geistiges und politisches »Testament« dar, allerdings basierend auf einem generell negativen altägyptischen Konzept der menschlichen Natur.

Für die aus diesen Texten höchst eindrucksvoll ablesbare kontinuierliche Entwicklung des Königsbildes spielt es dabei überhaupt keine Rolle, daß beide »Königslehren« erst posthum, also nach dem Tode ihrer fiktiven königlichen Verfasser entstanden, das heißt diesen erst mindestens eine Generation später in den Mund gelegt worden sind und unterschiedlichen politischen, in beiden Fällen eindeutig propagandistischen Zwecken der Herrschaftslegitimation sowie der Legalisierung der dynastischen Nachfolge dienen sollten. Entscheidend ist vielmehr, daß solche differenzierten, sicherlich aber auch zeitgebundenen Schilderungen von Königen als zugleich fehlbaren und die eigene Unzulänglichkeit vorbehaltlos eingestehenden Menschen überhaupt möglich waren, also von offizieller Seite ermöglicht oder in Auftrag gegeben worden sind.

Gleichzeitig fordern diese beide »Königslehren« zur unbedingten Loyalität gegenüber dem König auf: Die Macht des seiner Natur nach göttlich-menschlichen Königtums als einer gottgewollten und gottgeleiteten Institution ist keine selbstverständliche mehr, sondern es wird nunmehr auf seine Pflichten und Verantwortlichkeiten hingewiesen; realpolitisch bedarf der König jetzt der loyalen Unterstützung durch seine Untertanen. Dies ist dann auch das zentrale Motiv der »Loyalistischen Lehre« und der anonymen »Lehre eines Mannes für seinen Sohn« mit der darin enthaltenen »Aufforderung zum Lob des Königs« und der »Aufforderung zur Königspropaganda«:

> »Wende dein Herz nicht vom Gott (= König) ab,
> preise den König, liebe ihn als Sympathisant.
> Nur den beglückt er, der seine Machterweise verkündet,
> wer ihn (aber) mißachtet, wird haltlos sein.
> Bedeutender ist er als Millionen Mann für den, den er schätzt,
> (wie) ein Bollwerk ist er für den, der ihn zufriedenstellt,
> wer ihn (dienend) umgibt, der wird sehr reich sein.
> …
> Preise und verehre den König von Ober- und Unterägypten,
> es ist ein göttliches Amt.
> Verkünde seine Machterweise, jauchze über seine Befehle,
> stelle seinen Willen nicht in Frage.
> Zu einem Ehrwürdigen wird, wer Seinen Namen meidet.
> Leiden läßt er den, der ihm den Rücken kehrt.«

Das Thema dieser eindeutig propagandistischen Zwecken dienenden Lebenslehren ist somit die unmißverständliche Aufforderung zur *richtigen*, das heißt politisch korrekten, auf der unbedingten Treue zum König basierenden (Lebens-)Einstellung. Nicht nur der König selbst ist als geistige Autorität zu respektieren sowie als charismatische Persönlichkeit zu verehren, auch seine Politik verdient jede nur mögliche Unterstützung: Das Wohlergehen des Einzelnen hängt vom Wohlwollen des Königs – seinen »Machterweisen« – ab, also nicht vom Verhalten gegenüber den Göttern, sondern ausschließlich vom loyalen Verhalten gegenüber dem König, der wiederum für sich und sein »göttliches Amt« bei seinen Untertanen mit dem Hinweis auf seine Erfolge in der Innen- und Außenpolitik wirbt. Das Verhältnis von König und Untertan hat sich somit zu einem gegenseitigen Abhängigkeitsverhältnis entwickelt: Aus der von jedem Einzelnen abhängigen Wohlfahrt des Staates erwachsen die nun anscheinend äußerst begehrten königlichen Gnadenerweise für die darum besonders verdienten, als »Sympathisanten« bezeichneten Parteigänger des Königs: »Wahrlich, er tut einem Land Gutes, das ihm loyal ergeben sein wird!« heißt es im »Sinuhe« von diesem gesellschaftspolitischen Ideal.

Der König wird durch seine Gottesnähe – als einziger Mensch, der Gott unmittelbar nahe ist – zur zentralen, Diesseits und Jenseits verbindenden Integrationsfigur.

Gaufürsten (II): Souveränität und Integration

Zwar gibt es seit König Mentuhotep II. wieder einen gesamtägyptischen »König von Ober- und Unterägypten«, doch besitzen noch bis zur Mitte der 12. Dynastie – unter den Königen Amenemhet I. bis Sesostris II. – einzelne Gaufürsten eine weitgehende Souveränität. Dazu gehören die Gaufürsten von Elephantine und Beni Hassan, deren politische und ökonomische Unabhängigkeit primär auf einem funktionierenden Versorgungssystem beruht. Sie spielen eine so maßgebliche Rolle im Staat, daß sie es sich aufgrund ihrer Autarkie erlauben können, für ihren Gau neben der offiziellen Jahreszählung nach den Regierungsjahren des Königs eine Zählung nach ihren eigenen Regierungsjahren als Gaufürsten zu praktizieren.

Das zu Beginn der 12. Dynastie noch unverminderte Selbstbewußtsein dieser politisch und sozial überaus verantwortungsbewußten Gaufürsten zeigt besonders eindrucksvoll die biographische Inschrift des Gaufürsten Sarenput I. von Elephantine, die dieser unter König Sesostris I. lebende »Kleinkönig« in seinem bei Assuan gelegenen Felsgrab hat anbringen lassen:

> »Ich war voll Freude, dazu gekommen zu sein, den Himmel zu erreichen, mein Haupt berührte das Firmament, ich streifte die Gestirne, ich schien als Stern, ich tanzte wie die Planeten ... Die Götter von Elephantine verlängerten mir die Regierungsdauer Seiner Majestät als König, sie gebaren Seine Majestät von neuem für mich, auf daß er für mich wiederholen möge Millionen von Jubiläumsfesten; sie verliehen ihm Ewigkeit als König, daß er sich niederlasse auf dem Thron des Horus, gerade wie ich es wünschte ...«

Wie bereits rund 250 Jahre zuvor der Gaufürst Anchtifi in Moalla, so läßt sich also noch in der Regierungszeit des Königs Sesostris I. der Gaufürst Sarenput I. als gottähnlichen Menschen preisen, von dessen Bitten an die Götter seines Gaues sogar die Regierungsdauer und damit auch die Lebenszeit des Königs abhängig ist: König Sesostris I. hätte demzufolge von Sarenputs Gnaden regiert, eine sowohl königsdogmatisch, als auch königsideologisch wahrlich absurde Vorstellung, die jedoch gerade dadurch die unvermindert maßlose Selbsteinschätzung dieser Gaufürsten zeigt; dagegen wird zur selben Zeit im »Sinuhe« König Sesostris I. als »Gott« bezeichnet:

> »Er ist aber ein Gott, nicht gibt es seinesgleichen,
> nicht ist ein anderer entstanden, der ihm voraus ist.
> Er ist der Herr der Weisheit, mit vorzüglichen Plänen und vortrefflichen
>   Befehlen ...«

Noch bis in die Regierungszeit von König Sesostris II. haben die Gaufürsten eine weitgehend autonome Stellung inne, ist ihr bis in die »Erste Zwischenzeit« zurückreichendes Selbstbewußtsein, ihre Freiheit und Unabhängigkeit, nach wie vor ungebrochen. Ihre Macht endet erst in der Mitte der 12. Dynastie unter König Sesostris III.; dies dürfte ihm sehr wahrscheinlich nicht mit staatlicher Repression und Gewalt, sondern vermittels geschickter Integrationspolitik gelungen sein, nämlich durch die Berufung der potentiellen Erben dieser

Gaufürstentümer als hohe Beamte an den Königshof: Aus den Gaufürsten werden Provinzgouverneure.

Nach den Geschehnissen der »Ersten Zwischenzeit« war zu Beginn des Mittleren Reiches eine unmittelbare Rückkehr zu den streng zentralistischen Strukturen des Alten Reiches *noch* nicht möglich gewesen. Zuerst mußten wieder innenpolitisch stabile Verhältnisse hergestellt und die Gaufürsten dem Königshaus loyal verpflichtet werden. Erst jetzt, unter König Sesostris III., beginnt das Königshaus erneut eine zentralistische Kontrolle über ganz Ägypten auszuüben. Daraus resultiert ein erstarktes, aus machtpolitischer Entschlossenheit gespeistes Selbstbewußtsein der Könige Sesostris III. und Amenemhet III.

Mit König Sesostris III. wird somit die traditionelle Autorität des Königtums wieder vollständig hergestellt, und damit auch die »Göttlichkeit« des regierenden Königs als politisches und ideologisches Zentrum der altägyptischen Kultur. Bereits im »Sinuhe« ist ein Loblied auf den neuen König Sesostris I. – eine »Königseulogie« – eingefügt:

Königsautorität: Wille zur Macht

> »Ein Held ist er, der mit seinem Arm wirkt,
> ein Kämpfer, dem niemand gleichkommt.
> Man erblickt ihn, wie er auf die Bogenvölker herabfährt
> und zum Angriff schreitet.
> Er ist es, der das Horn niederbeugt und die Hände schlaff macht,
> seine Feinde können die Schlachtreihen nicht ordnen.
> Er ist es, der den Mut kühlt und die Scheitel spaltet,
> man kann nicht standhalten in seiner Nähe.
> Er ist es, der weit ausschreitet, damit er den Fliehenden vernichtet;
> wer ihm den Rücken kehrt, kommt nicht ans Ziel.
> …
> (Auch) ein Liebenswürdiger ist er, mit großer Huld,
> der durch Liebe erobert hat.
> Seine Stadt liebt ihn mehr als sich selbst,
> sie jubelt über ihn mehr als über ihren Gott.
> Männer und Frauen ziehen vorbei
> und jauchzen über ihn, weil er König ist.
> Er hat (schon) im Ei erobert,
> sein Sinn ist darauf gerichtet, seit er geboren wurde.
> Er ist es, der seine Generation zahlreich macht,
> der Eine ist er, den Gott gibt –
> wie freut sich dieses Land, das er beherrscht!«

Von der Gotteserwähltheit und dem Gottesauftrag der Könige des Mittleren Reiches kündet dann die im Text der »Berliner Lederhandschrift« überlieferte, an die Errichtung eines Tempels in Heliopolis erinnernde Bauinschrift von König Sesostris I.:

»Seht, Meine Majestät denkt an ein Werk, an das man sich erinnern wird in Zukunft als an etwas Ausgezeichnetes. Ich werde Denkmäler errichten und werde Stelen aufstellen für Harachte, denn er hat mich geschaffen, daß ich tue, was er getan hat, daß ich ausführe, was er befohlen hat ... Wenn ich als Horus gekommen bin und meinen Platz eingenommen habe und die Opfer für die Götter festgesetzt habe, dann werde ich Taten ausführen im Bezirk meines Vaters Atum. Ich werde dafür sorgen, daß er reich wird, sobald er dafür gesorgt hat, daß ich Nachfolger werde. Ich werde seine Altäre auf Erden füllen. Ich werde meine Residenz in seiner Nachbarschaft bauen. Meine Vollkommenheit soll in seinem Haus in Erinnerung bleiben, das Obeliskenhaus soll mein Name sein, der See mein Denkmal. Ewigkeit ist es, was meine Vollkommenheit hervorgebracht hat, und nicht wird ein König vergessen, der auf seinen Bauten erwähnt wird.«

Dieses neue, unter König Sesostris III. entstehende Machtbewußtsein ist paradigmatisch im Text der Semna-Stele (*Kat. 29*) – einer Grenz- und Siegesstele dieses Königs – als durchaus propagandistische Selbstäußerung königlicher Macht formuliert:

»Ich habe meine Grenze weiter südlich als meine Vorväter gezogen; was mir übergeben worden war, habe ich vermehrt. Ich bin ein König, der spricht und handelt; was mein Herz plant, geschieht durch meine Hand; (ein König,) der losschlägt, um zuzupacken, der losstürmt zu glücklichem Gelingen, der nicht ruht, solange ein Plan in seinem Herzen ist, der an die Geringen denkt, beständig an Milde, nicht milde aber gegen den Feind, der ihn angreift; (ein König,) der angreift, wenn er angegriffen wird, aber schweigt, wenn man schweigt, der eine Rede nach ihrem Inhalt beantwortet.

...

Jeder Nachfahre von mir, der diese Grenze, die meine Majestät gesetzt hat, fest bewahren wird, der ist mein Sohn und Meiner Majestät geboren. Vorbildlich ist ein Sohn, der für seinen Vater eintritt und die Grenze seines Erzeugers fest bewahrt. Wer sie aufgeben und nicht für sie kämpfen wird, der ist nicht mein Sohn und mir nicht geboren. Meine Majestät hat eine Statue Meiner Majestät auf dieser Grenze, die Meine Majestät gesetzt hat, machen lassen, damit ihr sie fest bewahrt und damit ihr für sie kämpft.«

Die Welt als Wille und Vorstellung: An die Stelle des »göttlich« determinierten Königtums des Alten Reiches ist am Ende des Mittleren Reiches ein verweltlichtes absolutistisches Königtum getreten. Somit führt also die in der Tradition einer großen Vergangenheit stehende Entwicklung des altägyptischen Königtums unter den Königen Amenemhet I. bis Sesostris III. – dessen Idealen dann auch König Amenemhet III. gänzlich verpflichtet sein wird – von der kritischen Selbstreflexion zur königlichen Selbstrepräsentation als absoluter Verkörperung göttlicher Perfektion – ein Königsideal, das sich nicht nur mehr als 300 Jahre später Königin Hatschepsut zum Vorbild erwählt, sondern an dem sich bis

König Nektanebos I. aus der letzten einheimischen 30. Dynastie, also nach über 1500 Jahren, nachfolgende Generationen altägyptischer Könige orientieren werden; und noch in den Bauinschriften ptolemäisch-römischer Tempel werden die Könige Amenemhet I. und Sesostris I. als Tempelstifter genannt. Das Nachleben – der Fortbestand im »kulturellen Gedächtnis« – ist diesen Königen der 12. Dynastie gewiß: »Sesostris – dieser typische Königsname der 12. Dynastie – wird noch in griechisch-römischer Zeit als ägyptischer König schlechthin gelten, geradezu als Synonym für Pharao. In diesem Namen fließen späteren Generationen alle Züge ägyptischen Königtums zusammen; Sesostris wird zum ›Erzkönig‹ Ägyptens, zum Archetyp des Pharaos. Bei Herodot vermischt sich sein Name mit Zügen Ramses' II., und Diodor schafft aus ihm und Alexander dem Großen den ägyptischen König schlechthin.« (D. Wildung)

Die *kunsthistorische* Renaissance dieses »Sesostris« beginnt dann mit Johann Joachim Winckelmann, der in seiner »Geschichte der Kunst des Alterthums« auf diesem Pharaonenarchetypus das »Alterthum der Kunst in Aegypten« begründet: »In Aegypten blühete die Kunst bereits in den ältesten Zeiten, und wenn Sesostris mehr als dreihundert Jahre vor dem trojanischen Kriege gelebt hat, so waren in diesem Reiche die größten Obelisken, die sich in Rom befinden, und Werke des gemeldeten Königs sind, nebst den größten Gebäuden zu Theben, bereits ausgeführt, da über die Kunst bei den Griechen annoch Dunkelheit und Finsterniß schwebten. Von dieser zeitigeren Blüte der Kunst bei den Aegyptiern scheint der Grund die große Bevölkerung ihres Reichs und die Macht ihrer Könige zu sein ...«

Dietrich Wildung

Menschwerdung. Zum Porträt in der Kunst des Mittleren Reiches

Ist die Kunst des Alten Reiches, der Pyramidenzeit, menschlich? Die Königsgräber übersteigen das Maß des Menschlichen und bleiben bis heute nicht nur in ihrer Bautechnik, sondern vor allem in ihrer gedanklichen Konzeption letztlich unfaßbar. Wenn das Sprichwort vom Glauben, der Berge versetzen kann, irgendwo konkrete Form angenommen hat, dann in Gestalt der Pyramiden von Giza, dieser von Menschenhand geschaffenen Gebirge, geboren aus dem Glauben an eine überirdische Fortexistenz des Herrschers, dieser gigantischen Treppen, über die der tote Pharao aufsteigt zu den Göttern. Spätere Epochen, denen die Göttlichkeit des Königs abhanden gekommen war, konnten nicht anders, als in diesen Bauwerken Zeugnisse grausamen Despotentums und Belege für den Sklavenhalterstaat der alten Ägypter zu sehen.

Die Herrscherbildnisse, die aus dem Kontext dieser Monumentalarchitektur stammen, die Statuen des Chephren und Mykerinos, machen aus dem irdischen König ein übermenschliches Wesen, das sich in unmittelbarer Gemeinschaft mit den Göttern darstellen läßt. Die Statue des Chephren mit dem Falken, das berühmteste Königsbildnis des Alten Reiches, ist in ihrer Ikonographie mit dem Bart der Götter und in ihrem Stil, der sie in eine unnahbare Ferne entrückt, ein gültiges Bild des Gottkönigtums des frühen Alten Reiches.

Der stilistische Wandel der 5. Dynastie (2465-2323 v. Chr.) hin zu einer dem Menschlichen näher gerückten Darstellungsweise geht einher mit der Kanonisierung eines Königstitels, der erstmals schon unter Radjedef in der 4. Dynastie belegt ist: »Sohn der Sonne«. Damit rückt der König aus der unmittelbaren Gottnähe in ein Abhängigkeitsverhältnis, das zu überwinden nur im Ritual, am besonderen heiligen Ort und im spezifischen ideologischen Kontext möglich ist. Die graduelle Vermenschlichung des Herrschers schlägt sich im Königsbildnis der 5. Dynastie im Rückgang der idealisierenden Grundtendenz nieder. Die in Abusir ausgegrabenen Königsstatuen des Neferefrê bleiben zwar in ein Bildnisschema eingebunden, dessen Thema die Institution, nicht die Person ist, sie erlauben jedoch im Ansatz eine Differenzierung nach Herrscherpersönlichkeiten. Mit der Erstarrung der Kunst am Ende des Alten Reiches gewinnt jedoch ein formalistischer Bildnistypus die Oberhand, und mit dem Zerfall des Königtums in der Ersten Zwischenzeit verschwindet auch die Darstellung Pharaos aus dem Repertoire.

Wie sich der König des Alten Reiches im Schoß der Götter geborgen weiß, so sehen auch seine Untergebenen, die Bürger der gehobenen Schichten (und nur sie haben Bild- und Schriftdokumente hinterlassen) ihren Platz in einer geordneten Welt, die kritisch zu hinterfragen kein Anlaß gegeben ist. Folglich ist das nichtkönigliche Bildnis des Alten Reiches der Ausdruck einer heilen Welt. Die kleinen Probleme des Alltags, die bittere Erfahrung des Alterns, die Unentrinnbarkeit einer Krankheit, das Erleiden sozialer Ungerechtigkeit — all die unausweichlichen Negativerlebnisse gehen auf (oder unter) in der heiteren Gelassenheit einer Gesellschaft, die nur Privilegierte zu kennen scheint.

Das alterslose Idealbild des Menschen des Alten Reiches wird nur in wenigen bildlichen Darstellungen aufgebrochen und durch eine realistische Sichtweise ersetzt. Manche der »Ersatzköpfe« der 4. und 5. Dynastie gehören dazu, allen voran die Büste des Anch-haf; der Porträtcharakter der Sitzfigur des Hemiunu wird durch das fast deckungsgleiche Reliefbild von deren Profil aus dem Grab dieses Prinzen der 4. Dynastie unter Beweis gestellt. Auch der Prinz Rahotep mit seiner Gemahlin Nofret aus dem Beginn der 4. Dynastie zählt unter diese personhaft geprägten Bildnisse. Es sind die höchstgestellten Persönlichkeiten an der Nahtstelle zwischen König und Volk, die als erste das idealisierende Menschenbild infrage stellen. Sie haben an beiden Lebenssphären teil, der königlichen und der alltäglichen, und sie wissen um die Fragwürdigkeit des kollektiven Glücksgefühls, das nach Aussage der Mehrzahl der Statuen und Reliefs im Alten Reich geherrscht zu haben scheint.

Eine kritische Sicht auf das politische System und auf die eigene Existenz entsteht unter dem Eindruck der Krise der Ersten Zwischenzeit. Mit dem Verlust eines zentralen Königtums und einer im ganzen Land präsenten funktionierenden Verwaltung wird der Einzelne für Erfolg oder Mißerfolg, Glück oder Unglück verantwortlich – im irdischen und im ewigen Leben. Die Lehre für König Merikarê macht hierzu eine klare Aussage:

> »Die Richter, die den Bedrückten richten, du weißt, daß sie nicht milde sind an jenem Tag, wo man den Elenden richtet, in der Stunde, wo man die Bestimmung ausführt. Vertraue nicht auf die Länge der Jahre; sie sehen die Lebenszeit als eine Stunde an. Der Mensch bleibt nach dem Sterben übrig und seine Taten werden in Haufen neben ihn gelegt. Die Ewigkeit aber währt es, daß man dort ist, und ein Tor ist, wer die Totenrichter verachtet. Wer aber zu ihnen kommt, ohne daß er gesündigt hat, der wird dort wie ein Gott sein, frei schreitend wie die Herren der Ewigkeit.«

Die persönliche Verantwortung vor dem Totengericht, die seit dem Mittleren Reich die Jenseitsvorstellungen und damit das Lebensgefühl des alten Ägypters prägt, verändert fortan auch das Menschenbild in der ägyptischen Kunst von Grund auf. Das idealbiographische Unschuldsbekenntnis auf Grab- und Votivstelen und die nicht personengebundene Darstellung des Menschen in Skulptur und Relief überwiegen zwar auch im Mittleren Reich, aber in Text und Bild manifestiert sich nun auch – insbesondere bei höher gestellten Persönlichkeiten – das Bedürfnis, als Individuum in Erscheinung zu treten – vor Gott, dem König und den Menschen.

Der König des Mittleren Reiches ist nicht mehr primär ein als zeitlich befristeter Amtsträger fungierendes Instrument göttlichen Willens, sondern ein eigenverantwortlicher Akteur; der Beamte des Mittleren Reiches handelt selbstbewußt, in den Gauen abseits der Residenz auch selbstherrlich; daß sich selbst der einfache Bürger seiner Grundrechte bewußt zu werden beginnt, wird eindrucksvoll in den »Klagen des Bauern« (Kat. 70) deutlich.

Dieses neue Selbstbewußtsein, aus einer historisch kritischen Situation heraus entstanden, bleibt auch nach der Konsolidierung des Mittleren Reiches ein Grundzug in der Darstellung des Menschen. Nicht mehr allein die Rolle des Menschen in einer göttlich geordneten Welt, sondern die Stelle des Einzelnen in seiner Zeit spricht aus den Texten und Statuen. Die Transparenz der Oberfläche, die ins Innnere des Dargestellten zu blicken erlaubt, löst die Grundstruktur des Bildes nicht auf. Der formale Aufbau und die ikonographischen Bausteine einer Figur, eines Gesichtes folgen den in Jahrhunderten gewachsenen Vorbildern, und so wird es bis ans Ende der ägyptischen Geschichte bleiben.

Das Interesse der Kunst des Mittleren Reiches am menschlichen Individuum geht nicht nur weit über die traditionsgebundenen Darstellungen des Alten Reiches hinaus, sondern findet auch in den späteren Epochen der Kunstgeschichte Ägyptens keine Entsprechung mehr – abgesehen vom Sonderfall der Amarnazeit, in der jedoch nicht das Individuum an sich, sondern nur die Einzelpersönlichkeit des Königs Gegenstand einer stilistischen Revolution sind. Königsbildnis und nichtkönigliches Porträt des Neuen Reiches sind dem Stil ihrer Zeit stärker verpflichtet als die Werke der 12. Dynastie und damit in ihrer Grundhaltung dem Alten Reich näher als dem zeitlich näher liegenden Mittleren Reich. Daß sich die Kunst der Spätzeit in klassizistischer Rückwendung zur Vergangenheit besonders intensiv mit den Werken des Mittleren Reiches auseinandersetzt (Kat. 84-91), mag seinen Grund in der menschlichen Präsenz dieser Gesichter haben, in denen sich damals wie heute der Mensch wiedererkennt, als ob er schon einmal gelebt habe.

Katalog

Wenn die altägyptische Kunst, deren vornehmster Gegenstand das Bild des Menschen ist, in dem Ruf steht, weder das Individuum des Künstlers zu kennen noch dem Individuellen in der Person des Dargestellten nachzuspüren, dann scheint diese Feststellung in besonderer Weise für das Alte Reich zu gelten, für die Pyramidenzeit der Mitte des dritten Jahrtausends v. Chr. Der sehr umfangreiche Bestand an Skulpturen der 3. bis 6. Dynastie, der fünf Jahrhunderte zwischen 2650 und 2150 v. Chr., ist noch weit davon entfernt, im Detail chronologisch strukturiert zu sein. Kunstwerke ohne archäologischen Kontext entziehen sich häufig einer präzisen Datierung. Wo der historische Rahmen undeutlich bleibt, ist an eine individuelle Benennung von Statuen nicht zu denken, es sei denn, ihre Inschriften lieferten entsprechende Informationen.

Im Spannungsfeld von idealisierender und individualisierender Darstellung des Menschen gibt es zwei Grundlinien. Hinter dem personhaften Erscheinungsbild kann das allgemein Menschliche gesucht und thematisiert werden, oder die Spezies Mensch gewinnt im individuellen Porträt ihre Aktualisierung. Die Kunst des Alten Reiches beschreitet den ersten Weg. Ihr geht es um das Wesen des Menschen an sich, um seine Stellung in einer geordneten Welt, die sich aus einer kurzen irdischen und einer unbegrenzten jenseitigen Komponente zusammensetzt. Die Leistung der Kunst des Alten Reiches liegt insbesondere darin, aus der Vielfalt menschlichen Aussehens formal und stilistisch Grundtypen geschaffen zu haben, die bis ans Ende der dreitausendjährigen Geschichte der ägyptischen Kunst ihre Gültigkeit behalten haben.

Prospektiv, in die Zukunft weisend, sind die Stand-Schreit-Figur als Ausdruck der Bewegungs- und Aktionsfähigkeit des Menschen und die Sitzfigur als Bild des verklärten Toten; in diesen beiden Statuentypen sind die grundlegenden Bedingungen ewigen Lebens fixiert. Retrospektiv bekundet die Schreiberfigur als Darstellung der sozialen Stellung des hohen Beamten eine biographische Zutat ohne existenzielle Bedeutung für den Dargestellten. Neben diesen drei kanonischen Grundtypen des Menschenbildes stehen vereinzelte Sonderformen, die keine bleibende Formalisierung erfahren haben.

Die Leistung der Kunst des Alten Reiches für die Stilistik des Menschenbildes liegt in der Entwicklung eines Idealtypus, der individuelle Züge als Abweichungen von einem Grundschema betrachtet und folglich zurückdrängt, um sie durch ein Bild des schönen, gesunden, alterslosen Menschen zu ersetzen. So tritt das Individuum hinter einer kollektiven Glückseligkeit zurück, die im Kontext des funktionalen Ortes der Statue und des Reliefbildes, also im Grab, als eine der Voraussetzungen ewigen Lebens gilt.

Die Ehrfurcht vor dem Leben des Einzelnen, und sei es des Geringsten, bleibt von der Geringschätzung des Individuellen unberührt. Eindrucksvoll schildert das die Passage aus dem Papyrus Westcar (Kat. 1), in der der Zauberer Djedi das Ansinnen des Königs Cheops zurückweist, einen Menschenversuch durchzuführen und einem Gefangenen den Kopf abzuschneiden: »Nicht doch an einem Menschen, o König, mein Herr!«

Die Darstellung individueller Lebensstufen wird in spezifischem Kontext

Typus und Person. Porträts im Alten Reich

durchaus relevant. In der Doppelstatue des Königs Ni-user-Rê (Kat. 2) treten Alter und Jugend als die Stufen auf dem Weg vom irdischen zum ewigen Leben in zwei deutlich unterschiedenen Ausprägungen des Gesichts und des Körpers in Erscheinung. Aus der überpersönlichen Darstellung des Menschen als Idealtypus befreit sich nicht selten die herausragende Einzelpersönlichkeit hochgestellter Würdenträger; die Prinzen Rahotep, Hemiunu und Ankh-haf aus der 4. Dynastie lassen sich in realistischer Schärfe porträtieren.

Der idealisierenden Grundtendenz der Kunst des Alten Reiches entziehen sich auch einzelne Werke, die abseits der Residenzwerkstätten entstanden sind. Der lebensgroße Kopf aus Granodiorit (Kat. 3) wird aufgrund der Ähnlichkeit seiner Gesichtszüge mit Skulpturen aus Oberägypten wohl im Süden Ägyptens entstanden sein, also in einer Region, in der sich am Ende des 3. Jahrtausends v. Chr. mit den thebanischen Fürsten eine künstlerische Evolution vollzieht, die unabhängig von der Metropole Memphis eine regionale Stilrichtung zur neuen Staatskunst erhebt und der ägyptischen Kunst damit einen Impuls zur Überwindung der primär idealisierenden Darstellung des Menschen gibt.

S. Sch.

»Da sagte Seine Majestät (= Cheops): ›... Aber was du da sagst — wer ist denn das, diese Ruddjeded?‹. Djedi sagte: ›Das ist die Frau eines Priesters des Re, des Herrn von Sachebu, die mit drei Kindern des Re, des Herrn von Sachebu, schwanger ist. Und Re hat zu ihr gesagt, daß sie (= die Kinder) das Hirtenamt (= Amt eines Königs) in diesem ganzen Lande ausüben sollen, und daß das älteste von ihnen Hoherpriester von Heliopolis sein wird.‹ Darüber ward das Herz Seiner Majestät traurig. Aber Djedi sagte: ›Was soll diese Stimmung, mein König? Ist es wegen der drei Kinder? Dazu kann ich sagen: Erst (folgt dir) dein Sohn, dann dessen Sohn, dann erst einer von ihnen.‹«

(Übersetzung nach A. Erman)

1   *Papyrus Westcar*

2   *Doppelstatue des Königs Ni-user-Rê*

TYPUS UND PERSON. PORTRÄTS IM ALTEN REICH

3   *Porträtkopf eines Mannes*

Die ägyptische Kunst des Alten Reiches ist in hohem Maß auf den Bereich der memphitischen Metropole konzentriert. Von Djoser bis zu den letzten Herrschern der 6. Dynastie liegen für ein halbes Jahrtausend nicht nur alle Königsgräber – von Abu Roasch im Norden bis Dahschur im Süden – im Bereich südwestlich des heutigen Kairo, sondern auch die Friedhöfe der hohen Würdenträger folgen der Ortswahl der königlichen Pyramiden und entwickeln sich auf dem Wüstenplateau westlich oberhalb der Hauptstadt zu ganzen Totenstädten. In den Gauen des Deltas – Mendes und Bubastis zum Beispiel –, in Mittelägypten – Deschascheh, Tehna, Meir, Deir el-Gebrawi seien genannt – und Oberägypten – so in Dendera, Kasr el-Sayad, Theben, Edfu, Elkab und Assuan – entstehen um die Provinzzentren lokale Kunstschulen mit eigener stilistischer Ausprägung, aber sie treten gegenüber Memphis kaum in Erscheinung und bleiben lokal begrenzt.

Erst als das im Alten Reich wenig bedeutende Theben um 2050 v. Chr. von einer Provinzstadt zum politischen und religiösen Zentrum Ägyptens wird, als die thebanischen Gaufürsten zunächst ganz Oberägypten, dann Mittelägypten wiedervereinigen und schließlich das ganze Land unter ihre Kontrolle bringen, da fällt dem typisch oberägyptischen Stil die Rolle zu, zum künstlerischen Leitbild einer neuen Epoche zu werden.

Worin liegt das »typisch Oberägyptische«? Schon im Alten Reich hebt sich die Kunst des Südens von der des Nordens, der Residenz, ab. Die Reliefs der Gräber der Gaufürsten von Elephantine und Edfu, die Statuen aus den Gräbern von Elkab zeigen im Menschentypus die Nähe dieser südlichsten Region Ägyptens zu Nubien.

Die Stelen der frühen 11. Dynastie aus Theben sind in ihrem sehr plastischen Relief, in den gedrungenen Proportionen und der prallen Körperlichkeit der Figuren weit entfernt von der kühlen Eleganz der memphitischen Grabreliefs. Als mit Mentuhotep II. um 2050 v. Chr. ein thebanischer Fürst der erste gesamtägyptische König nach den Turbulenzen der Ersten Zwischenzeit wird, da fällt Theben auch auf dem Gebiet der Kunst die führende Rolle zu.

Die Reliefs im Totentempel des Königs in Theben-West (Kat. 5, 8) und in den in unmittelbarer Nachbarschaft gelegenen Gräbern der Königsfamilie (Kat. 9) und der hohen Würdenträger (Kat. 4) zeigen den König und die Damen des Hofes mit niederem Kinn, sehr vollen Lippen, stumpfer Nase, weit geöffneten Augen und niedriger Stirn, mit Gesichtszügen also, die die ethnische Nähe dieses Herrscherhauses zu Nubien erkennen lassen. Die Kraft des Ausdrucks wird vom athletischen Körperbau unterstrichen, wie er in den kompakt proportionierten Stand- und Sitzfiguren Mentuhoteps aus seinem Terrassentempel in monumentale steinerne Form gehauen ist.

Diese Kunst, verfeinert in den Reliefs Mentuhoteps III. aus Armant und el-Tod, ist zwar in die formalen Regeln des Alten Reiches gegossen und bedient sich der Elemente der traditionellen Ikonographie, geht aber stilistisch ganz eigene Wege. Aufgrund der typisch nubischen Gesichtszüge lassen sich mehrere Königsporträts (Kat. 6, 7) dieser Zeit des frühesten Mittleren Reiches zuordnen.

Afrikanische Wurzeln. Die Kunst der 11. Dynastie

Sie treffen sich auch in einem anatomischen Detail, den überaus hoch an die Schläfen gesetzten Ohren.

Die Abkehr vom idealisierenden Herrscherbild des Alten Reiches, dessen primäre Aufgabe die Darstellung der Institution des Königtums war, zeigt ein verändertes Selbstbewußtsein des königlichen Auftraggebers. Seine politischen und militärischen Leistungen sind die Voraussetzung für die Wiederherstellung der Einheit des Reiches.

So stellt sich die Geburt des Mittleren Reiches nicht als ein Rückgriff auf frühere Zeiten dar, sondern als ein Neubeginn, aus neuen Wurzeln gespeist. Die oberägyptischen Götter Month und Amun sind die Schutzmächte der neuen Dynastie. Der Amun-Tempel von Karnak wird als Neugründung der 11. Dynastie zum wichtigsten Heiligtum Ägyptens. Auch die Architektur geht neue Wege. Mentuhotep und seine Nachfolger lassen sich nicht mehr Gräber in Pyramidenform errichten, sondern schaffen den Typus des Felsgrabes mit vorgelagertem Terrassentempel. An die Stelle der Mastaba-Gräber des Alten Reiches treten die Felsgräber mit ihren repräsentativen Pfeilerfassaden.

Kaum ein anderes Detail spricht deutlicher von der Wertschätzung, die diese neue Epoche dem Einzelnen zuerkennt, als die Tatsache, daß auf die Mumienbinden der Leichname einfacher Soldaten, die in einer der Schlachten der thebanischen Könige gegen ihre Feinde im Norden gefallen waren, die Namen der Gefallenen geschrieben wurden, um sie nicht anonym, namenlos in die Ewigkeit gehen zu lassen.

D. W.

4   Relieffragment: Mentuhotep II.

AFRIKANISCHE WURZELN. DIE KUNST DER II. DYNASTIE

5   Relieffragment: Mentuhotep II. und Königin Kemsit

6   *Kopf einer Königsfigur*

AFRIKANISCHE WURZELN. DIE KUNST DER 11. DYNASTIE

7   *Kopf einer Königsfigur*

8   *Relieffragment: Königin Kemsit*

AFRIKANISCHE WURZELN. DIE KUNST DER 11. DYNASTIE

9 *Relieffragment: Königin Nofru*

Selbst in der Archäologie enthält jede gesicherte Erkenntnis widersprüchliche Einzelheiten. Aus dem Mittleren Reich sind kaum Nachrichten über Bildhauerwerkstätten bekannt; im Gegensatz zum späten Alten Reich und zur 18. Dynastie, wo recht häufig Bildhauer bei der Arbeit dargestellt sind, gibt es in den Gräbern der hohen Beamten der 11. und 12. Dynastie nicht eine einzige Darstellung dieser Art. Sei es der Zufall der Überlieferung oder eine ganz auf die Wiederauferstehung zielende Motivwahl der Grabbilder – der Eindruck bleibt, daß das künstlerische Schaffen keine besondere Wertschätzung genießt.

Zur gleichen Zeit aber singt die Lehre des Dua-Cheti, die »Satire der Berufe«, das Hohelied des Schreiberstandes, demgegenüber alle anderen Berufe verachtenswert erscheinen. Minderwertig sind laut Dua-Cheti die Gewerbe von Steinmetz, Goldschmied und Töpfer. Manuelle Tätigkeit wiegt gering gegenüber dem Geistesarbeiter.

Ein berühmter Text hebt jedoch diesen Widerspruch auf und rückt die verborgenen Werte der Arbeit des Bildhauers ins Licht. Die Stele des »Vorstehers der Bildhauer und des Malers Irtisen« (Kat. 10) ist in die Regierungszeit des Königs Mentuhotep II. (2046-1995) datiert. Die Aufbruchstimmung dieser Zeit ermöglicht neue, bislang unbekannte Ausdrucksweisen; inmitten stereotyper Opferformeln finden sich einige Zeilen über das berufliche Selbstverständnis des Künstlers. Wie außergewöhnlich dieser Text ist, wird erst deutlich, wenn man sich daran erinnert, daß nirgendwo sonst in der ganzen altägyptischen Literatur präzise Angaben über berufliche Erfahrungen zu finden sind.

Darstellungen von Künstlern in Grabbildern sind nicht Selbstdarstellungen, sondern der Grabherr führt in diesen Bildern die von ihm wohl organisierte Vielfalt von Aktivitäten zugunsten des Königs oder einer hochgestellten Persönlichkeit vor. So zeigen diese Bilder meist das fertige Ergebnis der Arbeit, nicht das Heer der Bildhauer, die an einer Tempelwand arbeiten, oder die Maler in den großen Königsgräbern des Neuen Reiches.

Der Künstler bleibt in der Regel anonym; Künstlersignaturen sind unbekannt. Künstler des Mittleren Reiches sind nur durch ihre Titel belegt, die auf Votivstelen aus Abydos stehen. Der Oberbildhauer Schen erzählt auf seiner Stele (heute in Los Angeles), wo er gearbeitet hat, erwähnt aber keines seiner Werke. Ganz im Gegensatz dazu öffnet die Stele des »Vorstehers der Bildhauer und des Malers Irtisen« für einen Augenblick die Tür zum Atelier und gewährt Einblick in das Selbstverständnis des Künstlers, der fern der früheren Hauptstadt Memphis aus Tradition und Innovation einen neuen Kunstbegriff schafft.

> »Ich kenne das Geheimnis der Hieroglyphen und den Aufbau der Rituale.
> Die Gesamtheit der Zauberformeln, ich beherrsche sie, nicht eine von ihnen
> ist mir unbekannt.«

Das ist nicht einfach eine stolze Floskel, sondern eine Aussage über die eigene berufliche Qualifikation. Irtisen sieht seinen Platz inmitten der in der »Satire der Berufe« gepriesenen ›Intellektuellen‹, der Schreiber und priesterlichen Schriftgelehrten. Worte und Namen schaffen in Altägypten Wirklichkeit;

Schreiben – auf Papyrus oder in Stein – ist folglich ein heiliger schöpferischer Akt. Hieraus bezieht Irtisen sein Selbstverständnis, das ihn als »Schöpferischen« in die Nähe des Königs und der Götter rückt.

Der zweite Teil seiner Äußerungen bezieht sich auf die praktischen Fähigkeiten des Künstlers, »der ausgezeichnet ist in seiner Kunst auf der höchsten Stufe seiner Fähigkeiten«:

> »Ich kenne die *ru-bagu* (Proportionen?), ich vermag die Maße zu schätzen, zu korrigieren und anzupassen, bis ein Körper seine richtige Gestalt gefunden hat. Ich kenne das Schreiten einer Männerfigur und das Gehen einer Frauenfigur, die Haltung der elf Vögel, die Verzerrungen, das Schielen und den Ausdruck der Angst auf dem Gesicht der Feinde aus dem Süden, die Bewegung des Arms des Nilpferdjägers und die Bewegung der Beine des Läufers.« (Übersetzung von Bernadette Letellier)

In poetischer Sprache führt Irtisen schrittweise durch sein künstlerisches Schaffen in Skulptur und Relief. Er nennt die allgemeinen Kompositionsprinzipien und den Proportionskanon und beschreibt die Ikonographie der Reliefs, die Mentuhotep II. in Auftrag gegeben hat, die traditionellen Themen der Nilpferdjagd und des Kultlaufs.

Der Oberbildhauer führt weitere Einzelheiten seiner Tätigkeit auf und verrät spezielle Rezepte:

> »Ich verstehe es, Farben und Werkstoffe herzustellen, die schmelzen, ohne daß das Feuer sie verbrennt, ohne daß sie sich im Wasser auflösen.«

Es handelt sich dabei offenbar um das wohlbekannte synthetische Pigment »Ägyptisch Blau«, das im Alten Reich erfunden seinen Siegeszug durch die ganze Mittelmeerwelt antritt und noch im hohen Mittelalter belegt ist. Für die alten Ägypter war die Herstellung dieses leuchtenden Farbstoffs aus einer Mischung aus Sand, Kalkstein und Kupfermineral unter Temperaturen bis zu 1100°C ein geheimnisvoller Vorgang, den nur die besten »Magier« beherrschten. Diesen künstlichen Lapislazuli herstellen zu können, das ist auch für Irtisen ein wesentlicher Teil seiner bewunderungswürdigen Fähigkeiten. Er spricht von »Farben« im Plural, verstand es also, auch andere Farben zu erzeugen, darunter wohl das »Ägyptisch Grün« und das goldähnliche Auripigment. Die Schwierigkeiten bei der heutigen Analyse dieser altägyptischen Pigmente lassen vermuten, daß eine ägyptische Malerwerkstatt eher einem Laboratorium glich.

Irtisen weiß um das Ausmaß seiner Aufgabe und um die besondere Verantwortung, seine Kenntnisse geheim zu halten. So fährt er fort:

> »Niemandem werde ich davon berichten, außer mir selbst und meinem ältesten Sohn, denn Gott hat befohlen, daß er ein Eingeweihter werde, und ich habe seine Fähigkeit erkannt, Vorsteher der Arbeiten in allen kostbaren Materialien zu werden vom Silber über das Gold bis zum Elfenbein und Ebenholz.«

Die zu Beginn des Mittleren Reiches in der neuen Hauptstadt Theben eingerichteten Künstlerwerkstätten vereinigten in sich Kunsttischler und Goldschmiede, Farblabors und Bildhauerateliers, sie waren im Besitz göttlicher Rohstoffe und schufen Leben. In poetischer Sprache schildert Irtisen die königlichen Werkstätten, wie sie im Neuen Reich im Grab des Rechmirê eine neben der anderen dargestellt sind.

Schließlich erfahren wir, daß das Amt des Werkstattmeisters eine erbliche Position ist, und wir lesen zwischen den Zeilen, daß es menschliche Qualitäten voraussetzt, Organisations- und Führungstalent. In diesen Bereichen steht Irtisen, auch wenn er für einen kurzen Moment in eine neuartige Werkstatt gewährt, ganz auf dem Boden der Tradition.

E. D.

10   Stele des Irtisen

Die Zentralisierung des Staates des Alten Reiches hatte der Kunst wenig Spielraum zur Entwicklung lokaler Stile gelassen. Hatte noch in der Frühzeit Oberägypten mit der Doppelstadt Hierakonpolis-Elkab und mit Abydos Schwerpunkte des künstlerischen Schaffens – bis heute sichtbar an den monumentalen Architekturresten –, so konzentrierten sich seit der 3. Dynastie Skulptur, Relief und Malerei auf die Residenz Memphis und auf ihre Nekropolen. Die ägyptische Kunst der Pyramidenzeit findet in Sakkâra und Dahschur, in Gisa und Abusir statt.

Die memphitische Kunst überlebt dank ihrer tief verwurzelten Traditionen das politische Ende des Alten Reiches und führt bruchlos von 2150 bis zur Jahrtausendwende, also hinein in die 11. Dynastie, in das Mittlere Reich. Der Kopf einer Würfelfigur aus Granit (Kat. 14), angeblich in Sakkâra gefunden und den aus Sakkâra stammenden Würfelfiguren des Hetep und Ihi eng verwandt, steht in seinem linearen, flächigen Aufbau stilistisch noch in der Tradition der 6. Dynastie, sein Typus ist allerdings eine Neuentwicklung der frühen 12. Dynastie, vielleicht ausgelöst durch Würfelfiguren völlig anderer Struktur, für die Nesmonth (Kat. 12) als repräsentatives Beispiel steht. Sein mit »Month«, dem thebanischen Gott gebildeter theophorer Namen weist ebenso auf seine Herkunft aus Theben wie seine Stellung als General Amenemhets I., des Königs, der »als Sohn einer Nubierin« am Ende der 11. Dynastie Heerführer in Theben gewesen war. Nesmonths ganz auf plastisches Volumen angelegte Figur ist kein Einzelfall, sondern findet (neben seiner Sitzfigur in Basel und einem Würfelfigur-Fragment in Cambridge) Parallelen in den aus Theben stammenden Sitzfiguren des Generals Antef (in Kairo) und des Meri (im British Museum). Die kraftstrotzende Körperlichkeit der Würfelfigur des Nesmonth ist geradezu die Konkretisierung des Selbstbewußtseins dieses Heerführers, wie es aus dem Text seiner großen Stele aus Abydos (Kat. 11) spricht (S. 66).

In den Gauen Mittelägyptens entstehen in der 11. Dynastie eindrucksvolle Felsgräber, deren Wandmalereien unbeeinflußt von der höfischen Kunst in Memphis eigene Wege gehen – ikonographisch und stilistisch. Jede dieser Nekropolen entwickelt ihre eigene künstlerische Sprache und ihre spezielle Thematik – seien es der Spott über die Unterschicht in den Hirtenszenen von Meir, die vielfigurigen Ringkämpfe von Beni Hassan oder die Stierkämpfe in Deir el-Bersche. Aus den Felsgräbern von Assiut – fast königlich in ihren Dimensionen – stammt eine stilistisch eigenständige Gruppe von Sitzfiguren aus Kalzit-Alabaster (Kat. 13), primitiv in der geringen Durchbildung und gedrungenen Proportionierung der Körper, aber frisch und unbefangen im Ausdruck.

Der Gegensatz zwischen der jungen Kunst Thebens und der alt gewordenen künstlerischen Tradition von Memphis wird in der Gegenüberstellung der kleinformatigen Holzfiguren des Mentuhotep (Kat. 16) aus Theben und des Inemachet aus Abusir (Kat. 15) sichtbar. Während Inemachet trotz seines weiten Ausschreitens schwerfällig wirkt, ist Mentuhoteps Statue trotz der nur geringen Voransetzung des linken Fußes, trotz der halslosen Einsenkung des Kopfes in die Schultern frisch bewegt und voll innerer Dynamik; das Gesicht mit seinen großen Augen hat Porträtqualität, und auch der Fundzusammenhang der Figur spricht für ihre Sonderstellung: Sie wurde sich im Innersten der drei Särge des Mentuhotep direkt neben der Mumie gefunden. Funktional ist sie also eine echte Grabstatue und steht damit außerhalb und über der großen Menge der Dienerfiguren aus diesem Grab, die teilweise sehr viel größer sind, aber als namenlose Diener die individuelle Ausprägung vermissen lassen.

Die Autonomie der künstlerischen Entwicklung in den Provinzen wird umso deutlicher sichtbar, je weiter sich die lokalen Zentren von der Hauptstadt entfernen. Sowohl die Felsgräber auf der Westseite von Assuan als auch die Statuen aus dem Heiligtum des Hekaib auf der Insel Elephantine zeigen ein Menschenbild lokaler Prägung, vom benachbarten Nubien beeinflußt. Zum Extrem kann sich der Lokalstil fern von Ägypten in den Festungen am 2. Katarakt entwickeln, wo meist kleinformatige Figuren nicht nur im Stil, sondern auch im formalen Aufbau die Grenzen traditioneller Kunst überschreiten.

Mit dem Umzug des Königshofes von Theben nach Memphis hat dieser neue thebanische Stil keineswegs ausgespielt; er überlagert die traditionelle Kunst von Memphis und führt sie lange nach dem Ende des Alten Reiches ihrem Ende zu. Die Kunst der frühen 12. Dynastie, die Kunst des an das geschichtsträchtige Zentrum Memphis zurückgekehrten Hofes, wo die Zeugen der Vergangenheit allgegenwärtig sind, ist eine primär thebanische Kunst aus Oberägypten.

D. W.

»Was jedes Wort auf dieser Stele
betrifft, es ist die Wahrheit,
es geschah durch meine Hand,
es ist das, was ich wirklich tat.
Es gibt keine Täuschung, keine
Lüge dabei. Ich besiegte die
asiatischen Beduinen, die Sand-
bewohner. Ich zerstörte ihre
Burgen, als ob sie nie gewesen
wären. Ich zog durch ihre Felder,
ich schritt voran vor denen, die
hinter ihren Befestigungen lagen,
ohne daß es meinesgleichen gab,
auf Weisung des Gottes Month.«

(nach J. H. Breasted)

11   *Stele des Nesmonth*

12   *Würfelfigur des Nesmonth*

13   *Sitzfigur des Nachti*

15   *Standschreitfigur des Inemachet*

16   Standschreitfigur des Mentuhotep

Der Übergang von der 11. zur 12. Dynastie scheint nicht frei von kriegerischen Auseinandersetzungen gewesen zu sein. Das thebanische Herrscherhaus der Mentuhotep-Könige stirbt aus, kurzfristig scheinen nubische Häuptlinge nach der Krone der Pharaonen gegriffen zu haben, und »Aufruhr ist im Osten entstanden, die Asiaten sind nach Ägypten hinabgestiegen«, wie es in den Prophezeiungen des Neferti formuliert wird. Schließlich besteigt der Wesir Ameni den Thron der Pharaonen: »Aber ein König des Südens wird kommen, Ameni mit Namen, Sohn einer Frau aus Nubien und ein Kind Oberägyptens ist er.« Wenn die Prophezeiung des Neferti fortfährt »Die Asiaten werden durch sein Schwert gefällt und die Libyer durch seine Flamme«, dann fällt auf, daß die südlichen Nachbarn Ägyptens in dieser Auflistung der Feinde Ägyptens fehlen. Nubien ist zum Hinterland der thebanischen Könige geworden.

Trotz dieser starken Bindungen nach Süden gibt Amenemhet I. die Residenz Theben auf und verlagert den Schwerpunkt der politischen Macht nach Norden, nach Memphis. Nicht die Anknüpfung an die Traditionen des Alten Reiches ist das Hauptmotiv für diesen Hauptstadtumzug, sondern die Einsicht in politische und wirtschaftliche Zwänge. Zu diesen Zwängen wird auch das Arrangement mit den traditionalistischen Kräften gehört haben, die als Hüter der großen Vergangenheit von Memphis als Hauptstadt Ägypytens zur Pyramidenzeit die neue Dynastie aus dem Süden nicht ohne Argwohn empfangen haben werden; das Nord-Süd-Gefälle, das heute noch den Oberägypter als rückständig charakterisiert, wird auch damals den neuen Landesherren zu schaffen gemacht haben. Ob die Haremsverschwörung, der Amenemhet I. zum Opfer fällt, auch als Regionalkonflikt zwischen Memphis und Theben zu sehen ist, sei dahingestellt.

Mit der Rückkehr des Königshofes nach Memphis unter Amenemhet I. wird der neue Typus des königlichen Felsgrabes aufgegeben und durch das traditionelle Pyramidengrab ersetzt, das sich Amenemhet I. und Sesostris I. in Lischt – weit im Süden der memphitischen Nekropole – errichten lassen, und diese Grabform wird bis ans Ende des Mittleren Reiches beibehalten. Die Ausstattung des Pyramidentempels mit Statuen folgt ebenfalls dem Vorbild des Alten Reiches; sowohl die überlebensgroßen Sitzfiguren als auch die Pfeilerstatuen stehen stilistisch ganz in der Nachfolge der überpersönlichen Idealisierung des Königsbildes des 3. Jahrtausends. Lebensgroße und überlebensgroße Statuen Sesostris' I. aus dem Amun-Tempel in Karnak sind dagegen stilistisch eine konsequente Fortsetzung des individuell geprägten, fast brutalen Bildnistypus der 11. Dynastie. Aber auch in Memphis gefundene Statuen Sesostris' I. (Kat. 19) bekennen sich zum oberägyptischen Ursprung der Dynastie und geben sich stilistisch so typisch thebanisch wie eine Statue aus Karnak (Kat. 18). Selbst die Reliefs im Pyramidentempel Sesostris' I. in Lischt (Kat. 20) zeigen porträthafte Gesichtszüge, die in offenem Gegensatz zu den unpersönlichen Statuen dieses Tempels stehen.

Die Familienähnlichkeit der einander folgenden Herrscher der 12. Dynastie macht ihre Unterscheidung nicht einfach. In der Gruppe von Statuen Seso-

Selbstfindung.
Die frühe 12. Dynastie

stris' II. (Kat. 21-23) ist eine Kalksteinbüste (Kat. 22) mit nachvollziehbaren Argumenten auch dem späten Mittleren Reich zugewiesen worden. Fragmentarisch erhaltene Porträts wie der Sphinxkopf in Hannover (Kat. 25) und ein Granitkopf in Cambridge (Kat. 24) entziehen sich einer endgültigen Identifizierung, sind aber in ihrem plastischen Volumen, im energischen Ausdruck des Mundes, in den vollen Wangen und dem niederen Kinn in den unmittelbaren Umkreis der oberägyptisch geprägten Königsbildnisse der ersten Hälfte der 12.Dynastie zu stellen.

Auch im nichtköniglichen Bildnis ist die Abkehr von der erstarrten Tradition der memphitischen Kunst des Alten Reiches offenkundig. Die Sitzfigur des Sesostris-anch, der als königlicher Bildhauer und Baumeister, insbesondere aber als Hoherpriester des memphitischen Gottes Ptah von Berufs wegen zur Pflege der Werte der Vergangenheit verpflichtet war, ist in der Offenheit und Direktheit des Blicks, in den großen Ohren, dem kurzen Hals und dem athletischen Körper ganz ein Werk der neuen Zeit.

Auf seiner Stele aus Abydos (Kat. 26), datiert ins 17. Jahr Sesostris' I. (1940 v.Chr.), spricht User-Month selbstbewußt von seinen Leistungen (S. 86) und läßt die Mischung aus idealbiographischen Passagen und individualbiographischen Details auch in der Darstellung im unteren Teil der Stele anklingen, die ihn in konventioneller Haltung, aber mit einem überaus lebendigen, kräftig modellierten Gesicht zeigt.

In die Mitte der 12. Dynastie, in die Zeit Sesostris II., gehört der großformatige Kopf einer weiblichen Sphinxfigur (Kat. 28), der in der strengen Stilisierung der Augen ein starkes Gegengewicht zum überaus lebendigen Mund und zur spannungsvollen Plastizität der Wangen bildet. Von Johann Joachim Winckelmann um 1780 in Rom gesehen und beschrieben, ist dieser Kopf ein Ausgangspunkt der Kunstgeschichte Altägyptens. Er ist wohl bereits in der römischen Kaiserzeit nach Italien gelangt und mag zur Ausstattung des Kanopus, des »Klein-Ägypten« im Palastpark des Kaisers Hadrian in Tivoli gehört haben.

S. Sch.

»Lehre, die die Majestät des Königs Sehetep-ib-Rê, des Sohnes des Rê Amenemhet verfaßt hat, indem er in einer Botschaft der Wahrheit zu seinem Sohne, dem Herrn des Alls, spricht.

Er sagt: ›Du als Gott Erschienener, höre auf das, was ich dir sage, damit du König seist über das Land und die Ufer beherrschest, damit du Gutes tust über das Erwartete hinaus. Nimm dich in acht vor den Untergebenen, nahe ihnen nicht und sei nicht allein; vertraue nicht einem Bruder, kenne nicht einen Freund, schaffe dir keine Vertrauten – das gerät nicht.

Schläfst du, so behüte du selbst dir dein Herz, denn am Tage des Unglücks hat ein Mensch keinen Anhang. Ich habe dem Armen gegeben und habe das Waisenkind erhalten, ich habe den, der nichts war, ebenso zum Ziel kommen lassen wie den, der etwas war.

Der meine Speise aß, war es, der mich verachtete; der, dem ich die Hand gegeben hatte, war es, der Schrecken damit erregte; die sich in mein feines Leinen kleideten, sahen auf mich wie auf einen Schatten, und die sich mit meinen Myrrhen salbten, gossen Wasser ...‹«

(Übersetzung nach A. Erman)

17 *»Lehre des Königs Amenemhet I.«*

18   *Oberteil einer Standschreitfigur Sesostris' I.*

Selbstfindung. Die frühe 12. Dynastie

19   *Oberteil einer Kniefigur Sesostris' I.*

»Du Guter Gott, du Herr der Beiden Länder, der von Rê geliebt wird und von Month von Theben gelobt wird! Amun von Karnak, Sobek, Rê, Horus, Hathor, Atum mit seiner Neunheit von Göttern ... die Götter von Ägypten und von den Inseln des Meeres – sie alle mögen Leben in deine Nase geben, sie mögen dich mit ihren Gaben bedenken, sie mögen dir die Ewigkeit ohne Grenze geben und die ewige Zeit ohne Ende.

Von deiner Fürchterlichkeit erzählt man in den Ländern und Fremdländern; was die Sonne umzieht, hast du bezwungen. Deine Majestät ist der siegreiche Horus, und deine Arme sind stark gegen alle Länder.«

Anrede des Sinuhe an König Sesostris I.
(Übersetzung nach A. Erman)

20   *Tempelrelief: Sesostris I.*

21   *Oberteil einer Königsfigur*

22   *Oberteil einer Sitzfigur Sesostris' II.*

»Verehrt den König im Inneren eures Leibes!
Vertraut euch Seiner Majestät in euren Herzen!
Er ist Sia, der in den Herzen ist,
seine Augen, sie durchforschen jeden Leib.
Er ist Re, kraft dessen Strahlen man sieht,
ein Erleuchter der Beiden Länder, mehr als die Sonne.
Ein Begrünender, mehr als eine hohe Überschwemmung,
er hat die Beiden Länder mit Kraft und Leben erfüllt.
Die Nasen erstarren, wenn er in Zorn gerät;
besänftigt er sich, wird wieder Luft geatmet.
Er gibt Nahrung denen, die in seinem Gefolge sind,
und speist den, der seinem Wege anhängt.

Kämpft für seinen Namen!
Achtet seinen Eid!
Haltet euch frei von einer Tat, die ihm schaden kann!
Wen der König liebt, wird ein im Jenseits Versorgter sein;
kein Grab gibt es für den, der sich gegen Seine Majestät empört,
sein Leichnam wird ins Wasser geworfen.
Wenn ihr dies tut, wird euer Leib heil sein,
und ihr werdet es für die Ewigkeit nützlich finden.«

Aus der »Loyalistischen Lehre«
(nach J. Assmann)

23   *Oberteil einer Statue Sesostris' II.*

24 *Fragment eines Königskopfes*

SELBSTFINDUNG. DIE FRÜHE 12. DYNASTIE

25   *Kopffragment einer Sphinxfigur*

»Jahr 17 unter der Majestät des Guten Gottes Cheper-ka-Rê. Meine Majestät gibt dir diese Stele als eine königliche Stiftung an Osiris, den großen Gott, den Herrn von Abydos, damit er Opfer gebe dem verklärten Obergüterverwalter User-Month, geboren von Abku.

Ich war einer, der nach dem Beraubten sah, der die Toten bestattete, der dem gab, der nichts hatte. Ich war ein starker Gefolgsmann im Haus des Königs, einer, der ausgesandt wurde wegen seiner Klugheit. Ich diente als Vorsteher der Kornkammern bei der Steuererhebung der Gerste aus Unterägypten. Ich diente als Vorsteher der Rinder, Vorsteher der Ziegen, Vorsteher der Esel, Vorsteher der Schafe und Vorsteher der Schweine. Ich lieferte Stoffe an das Schatzhaus. Das Rechnungswesen war im Haus des Königs in meine Verantwortung gelegt, und man sprach mir Lob und Dank aus.

Ich gab die größten Fleischstücke denen, die neben mir saßen. Ich war einer, den seine Nachbarn liebten und für seine Familie da war. Ich war den Waisen ein Vater, den Witwen ein Wohltäter. Niemand in meinem Amtsbereich schlief hungrig ein. Ich behinderte niemand an der Fähre. Ich verleumdete niemand gegenüber seinem Vorgesetzten. Ich hörte eine Klage unvoreingenommen an und war unempfänglich für Bestechung.

Ich war reich und lebte glücklich in Wohlstand. Ich erlitt keinerlei Verlust an meiner Habe. Ich besaß Rinder, war reich an Ziegen, ein Besitzer von Eseln, hatte Schafe im Überfluß. Ich war wohlhabend an Gerste und Emmer, und ich besaß prächtige Kleider. Ich war reich ausgestattet mit Booten und besaß große Weingüter.

Was nun all die betrifft, die diesen Text hören, die unter den Lebenden weilen und die sagen werden: ›Es ist wahr‹, und deren Kinder zu ihren Kindern sagen werden: ›Es ist wahr, es ist keine Lüge darin‹, und was alle Schreiber betrifft, die diese Stele lesen, und alle Leute, die daran vorbeigehen: So wahr ihr das Leben liebt und den Tod haßt, der Erste der Westlichen wird euch lieben und euch seine Gunst erweisen an seiner Terrasse, wenn ihr sagt: ›Brot und Bier, Fleisch und Geflügel, Opfer und Speisen für den Besitzer dieser Stele.‹«

(nach W. C. Hayes)

26 *Stele des User-Month*

26 *Detail*

SELBSTFINDUNG. DIE FRÜHE 12. DYNASTIE

27   *Sitzfigur des Sesostris-anch*

»Weibliche Figuren haben allezeit den Kopf mit einer Haube bedeckt, und dieselbe ist zuweilen in fast unzählige kleine Falten gelegt, wie sie der angeführte Kopf von grünem Basalt in der Villa Albani hat. An dieser Haube ist auf der Stirn ein länglich eingefaßter Stein vorgestellt, und an diesem Kopfe allein ist der Anfang von Haaren über der Stirn angedeutet.

Die Augen höhlten die ägyptischen Künstler zuweilen aus, um einen Augapfel von besonderer Materie hineinzusetzen, wie man an einem angeführten Kopfe von grünlichem Basalte in der Villa Albani, und an einem anderen abgebrochenen Kopfe in der Villa Altieri sieht.

Die Geschichte der Kunst der Ägypter ist, nach Art des Landes derselben, wie eine große verödete Ebene, welche man aber von zwei oder drei hohen Türmen übersehen kann. Der ganze Umfang der alten ägyptischen Kunst hat zwei Perioden, und aus beiden sind uns schöne Stücke übrig, von welchen wir mit Grund über die Kunst ihrer Zeit urteilen können. Mit der griechischen und etrurischen Kunst hingegen verhält es sich wie mit ihrem Lande, welches voller Gebirge ist und also nicht kann übersehen werden. Und daher glaube ich, daß in gegenwärtiger Abhandlung von der ägyptischen Kunst derselben das nötige Licht gegeben worden.«

Aus: Johann Joachim Winckelmann, Geschichte der Kunst des Altertums, 1790

28 Kopf einer weiblichen Sphinxfigur

»Es lebe der König von Ober- und Unterägypten Cha-kau-Rê, beschenkt mit Leben, der leibliche Sohn des Sonnengottes, der ihn liebt, der Herr der Beiden Länder Sesostris, beschenkt mit Leben, Dauer und Herrschaft, ewiglich.

16. Regierungsjahr, 3. Monat der Peret-Jahreszeit. Seine Majestät setzt die südliche Grenze bei Semna.

Ich habe meine Grenze weiter südlich als meine Väter gezogen; was mir übergeben worden war, habe ich vermehrt. Ich bin ein König, der spricht und handelt. Was mein Herz plant, das geschieht durch meine Hand. Ich bin ein König, der losschlägt, um zuzupacken, der losstürmt zu glücklichem Gelingen, der nicht ruht, solange ein Plan in seinem Herzen ist; der an die Geringen denkt, beständig an Milde, nicht milde aber gegen den Feind, der ihn angreift; ein König, der angreift, wenn er angegriffen wird, aber schweigt, wenn man schweigt, der eine Rede nach ihrem Inhalt beantwortet.

Jeder Nachfahr von mir, der diese Grenze, die Meine Majestät gesetzt hat, fest bewahren wird, der ist mein Sohn und Meiner Majestät geboren. Wer sie aber aufgeben und nicht für sie kämpfen wird, der ist nicht mein Sohn und mir nicht geboren. Meine Majestät hat eine Statue Meiner Majestät auf dieser Grenze, die Meine Majestät gesetzt hat, machen lassen, damit ihr sie fest bewahrt und damit ihr für sie kämpft.«

Aus dem Text der Semna-Stele (nach S. Seidlmayer)

MACHTPOLITIKER. DAS KÖNIGSBILDNIS SESOSTRIS' III.

Der außergewöhnliche Grad von porträthafter Wirkung der Darstellungen Sesostris' III. hat in der Kunstgeschichte dazu geführt, die Kunst seiner Zeit als einen Stilbruch zu sehen, dessen Hintergründe in der zeitgeschichtlichen Situation der zweiten Hälfte der 12. Dynastie gesucht wurden. Von der »erdrückenden Verantwortung seines Königtums«, das sich »in seinen von Sorgen gezeichneten Zügen spiegelt,« ist da die Rede, vom »Eindruck der Niedergeschlagenheit« angesichts der Vorahnung künftigen Verfalls des Reiches.

Die stilistische Sonderstellung der Sesostris-Bildnisse kommt nicht von ungefähr. Sie leitet sich organisch aus dem Königsporträt der 11. und frühen 12. Dynastie her und ist ohne diese Vorstufen gar nicht denkbar. Mit Sesostris III. ist der Nachhall des idealisierenden Menschenbildes der memphitischen Kunst des Alten Reiches endgültig verklungen.

Auch die literarische Darstellung des Königs fußt auf älteren Textmustern, aber erst unter Sesostris III. gewinnt sie die ganze sprachliche Kraft der hymnischen Huldigung:

Machtpolitiker. Das Königbildnis Sesostris' III.

> »Sei gegrüßt, Cha-kau-Rê, unser Horus, göttlich an Verkörperungen!
> Der das Land schützt, seine Grenzen weit macht,
> der die Bergländer niederzwingt durch seine Uräusschlange,
> der die Beiden Länder umfaßt mit seinen Händen,
> der die Fremdvölker packt mit seinen Armen,
> der die Bogenvölker tötet ohne einen Stockschlag,
> der den Pfeil schießt ohne die Bogensehnen zu spannen,
> dessen Schrecklichkeit die Trolodyten schlug in ihren Ländern,
> dessen Furchtbarkeit die neun Bogen tötete,
> dessen Entsetzlichkeit bewirkte, daß Tausende starben unter den Bogen-
>   völkern,
> Zehntausende derer, die seine Grenze angriffen,
> der den Pfeil schießt wie Sachmet,
> um Tausende zu fällen unter denen, die seine Macht verkennen.
> Die Zunge seiner Majestät ist es, die Nubien einschüchtert,
> seine Aussprüche, sie schlagen die Asiaten in die Flucht.«

(nach J. Assmann)

Die Betonung des königlichen Wortes als Machtinstrument gibt einen der Schlüssel zum Verständnis dieser Porträts. Sie sind nicht Bilder eines brutalen Machtpolitikers, sondern Psychogramme eines »Königs, der spricht und handelt«. Seine Gesichtszüge sind unverwechselbar charakterisiert durch das niedere Kinn, den breiten Mund mit herabgezogenen Mundwinkeln, die tief eingegrabenen Falten zwischen Nase und Mund, die markanten Backenknochen, die großen, von schweren Lidern überwölbten Augen und die riesigen, hoch angesetzten Ohren. Dieses stilistische Grundmuster gilt für Skulpturen aller Materialien, aller Formate und aller Herkunftsregionen (soweit sie bekannt sind).

Zwei in Medamud nördlich von Karnak gefundene Sitzfiguren Sesostris' III. (Kat. 32, 33) aus dunklem Hartgestein stellen den König in unterschiedlichen Lebensaltern dar, in den Gesichtszügen einmal straff jugendlich und das andere Mal vom Alter zerfurcht; am selben Ort gefunden, sind sie wohl auch zusammen entstanden und als Paar aufgestellt gewesen, um die unendlich sich wiederholende Regeneration des verklärten Königs nach seinem Tod zu gewährleisten – der Doppelstatue des Ni-user-Rê (Kat. 2) vergleichbar.

Die Anzahl der Statuen Sesostris' III. ist beträchtlich. Im Terrassentempel Mentuhoteps II. in Deir el-Bahari läßt er eine ganze Reihe von lebensgroßen Beterfiguren seiner selbst aufstellen – eine Verbeugung vor dem Begründer des Mittleren Reiches. Aus Karnak sind überlebensgroße Statuen belegt, die Statuen in Medamud haben bereits Erwähnung gefunden. Die Mehrzahl seiner rundplastischen Darstellungen hat keine gesicherte Herkunft, so daß der Versuch, stilistische Unterschiede für die einzelnen Regionen Ägyptens herauszuarbeiten, unbefriedigend bleiben muß. Ikonographisch dominiert das Königskopftuch (Kat. 30-33, 36-38, 40-43), das auch für die Sphingen (Kat. 34, 35) obligatorisch ist. Ein kleiner Granitkopf mit oberägyptischer Krone (Kat. 39) gehört zu einer Figur im Hebsed-Mantel und zeigte den König beim Regierungsjubiläum.

Gerade durch die Einbindung in die Sphinxfigur (Kat. 34, 35) wird der Porträtcharakter der Gesichter besonders eindringlich sichtbar. Unklar sind Kontext und funktionaler Ort kleinformatiger Köpfe (Kat. 40, 41), die in ihrer Sensibilität zu den besten Porträts des Königs zählen, stilistisch und technisch gleichermaßen perfekt. Ihre monumentale Wirkung beruht auf ihrer strengen formalen Struktur, die die stilistisch völlig frei gestalteten Gesichter trägt. Von Quarzitstatuen Sesostris' III. sind nur die Gesichter (Kat. 42, 43) erhalten geblieben, denen die menschlicher Haut ähnelnd Farbe und Oberfläche des Materials höchste Lebendigkeit verleihen.

Der streng personengebundene Charakter der Porträts Sesostris' III. hebt sie über die Grenzen von Zeit und Raum hinaus und stellt sie in die Gemeinschaft der großen Bildnisse von der Antike bis in die Moderne.

S. Sch.

30   Kopf einer Statue Sesostris' III.

31   Kopf einer Statue Sesostris' III.

32   *Oberteil einer Sitzfigur Sesostris' III.*

MACHTPOLITIKER. DAS KÖNIGSBILDNIS SESOSTRIS' III.

33 Oberteil einer Sitzfigur Sesostris' III.

»Wie groß ist der Herr für seine Stadt!

Er ist Einer und zugleich Millionen – gering sind die anderen Tausende

von Menschen!

Wie groß ist der Herr für seine Stadt!

Ein Kanal ist er, der den Fluß abdämmt gegen die Wasserfluten.

Wie groß ist der Herr für seine Stadt!

Ein kühler Raum ist er, der jedermann bis zum hellen Tag schlafen läßt.

Wie groß ist der Herr für seine Stadt!

Eine Festung ist er aus Sinai-Kupfer.

Wie groß ist der Herr für seine Stadt!

Eine Schutzwehr ist er, die den Furchtsamen rettet vor seinem Gegner.

Wie groß ist der Herr für seine Stadt!

Ein frischer Schatten ist er, kühl im Sommer.

Wie groß ist der Herr für seine Stadt!

Ein warmer Winkel ist er, trocken zur Zeit des Winters.

Wie groß ist der Herr für seine Stadt!

Ein Berg ist er, der den Sturm abwehrt, wenn der Himmel tobt.«

(nach J. Assmann)

34 Sphinxfigur Sesostris' III.

35   Sphinxkopf Sesostris' III.

Machtpolitiker. Das Königsbildnis Sesostris' III.

34   Detail

36   Oberteil einer Statue Sesostris' III

37   *Oberteil einer Königsfigur*

38   Oberteil einer Sitzfigur Sesostris' III.

MACHTPOLITIKER. DAS KÖNIGSBILDNIS SESOSTRIS' III.

39   *Kopf einer Statue Sesostris' III.*

40   *Kopf einer Statue Sesostris' III.*

MACHTPOLITIKER. DAS KÖNIGSBILDNIS SESOSTRIS' III.

41   *Kopf einer Statue Sesostris' III.*

42 *Gesichtsfragment einer Statue Sesostris' III.*

MACHTPOLITIKER. DAS KÖNIGSBILDNIS SESOSTRIS' III.

43   *Gesichtsfragment einer Statue Sesostris' III.*

Nicht eine der Statuen von Männern und Frauen des Alten Reiches gleicht einer anderen so sehr, daß man sie verwechseln könnte, und doch ist es in der Regel schwierig, hinter der Oberfläche einer kollektiven Zufriedenheit, wie sie sich in diesen Figuren ausdrückt, den einzelnen Menschen in seiner Unverwechselbarkeit zu entdecken.

Der Ägypter des Mittleren Reiches ist sich seiner Persönlichkeit bewußt; er und seine unmittelbaren Vorfahren haben noch die Ohnmacht des Königtums während der Ersten Zwischenzeit erlebt und jene Not erfahren, aus der keine staatliche Instanz helfen konnte. Die »Klagen«, eine in dieser Zeit entstandene Literaturgattung, beschreiben rücksichtslos den Niedergang aller Werte.

> »Ich zeige dir das Land in schwerer Krankheit,
> was nicht geschehen sollte, ist geschehen:
> Man wird Waffen des Krieges ergreifen,
> so daß das Land im Umsturz lebt.
> Man wird Pfeile aus Kupfer machen und Blut für Brot fordern.
> Man lacht mit bitterem Lachen,
> man wird den Tod nicht mehr beweinen
> und nicht mehr fasten um einen Toten,
> denn jeder ist nur mit sich selbst beschäftigt.
> Man hält die Trauer nicht mehr ein,
> die Menschen haben sie ganz aufgegeben.
> Ein Mann sitzt da und kehrt den Rücken,
> während einer den anderen tötet.
> Ich zeige dir den Sohn als Gegner, den Bruder als Feind,
> einen Mann, der seinen Vater tötet.«

> Aus den »Prophezeiungen des Neferti« (nach E. Hornung)

Nach diesen tiefgreifenden neuen Lebenserfahrungen kann das Königtum des Mittleren Reiches von den Untertanen nicht mehr jene bedingungslose Ergebenheit erwarten, die das Verhältnis Mensch – König im Alten Reich gekennzeichnet hatte. Selbst ein Anschlag auf das Leben des Königs wird nun historische Wirklichkeit, und aus den Andeutungen der Sinuhe-Geschichte kann, so unklar sie sind, doch mit Sicherheit geschlossen werden, daß ein Privatmann in diese Haremsverschwörung verstrickt war.

Mag dies auch ein extremer Fall menschlichen Handelns fernab gewachsener Traditionen und Autoritätsstrukturen sein, so steht er doch repräsentativ für eine Grundeinstellung, die als Autorität nicht mehr Pharao, sondern eine göttliche Instanz sieht. Die schon in der Lehre für Merikarê in der Ersten Zwischenzeit formulierte Rechenschaftspflicht des Menschen vor dem Totengericht macht den Menschen unabhängig von irdischen Instanzen, stellt ihn aber gleichzeitig unter das Regelwerk einer gottgefälligen Lebensführung.

Auf verschiedenen Ausdrucksebenen stellt die Kunst des Mittleren Reiches

Loyal und selbstbewußt. Privatporträts

dieses neue Verhältnis Gott – Mensch dar. In die Typologie der Skulptur werden verschiedene Varianten der Beterfigur aufgenommen, als Stand-Schreit-Figur (Kat. 45), als Hockfigur (Kat. 47). Die eng eingehüllte Mantelfigur (Kat. 48) ist wohl im Zusammenhang mit der weißen Umhüllung der Götter Ptah (Schöpfung) und Osiris (Auferstehung) zu sehen und als Ausdruck einer individuellen Jenseitshoffnung zu verstehen. Ihr verwandt sind gänzlich weiß verhüllte Figuren (Kat. 50, 51), die als Ersatzpersönlichkeiten des Verstorbenen für diesen im Jenseits eintreten sollen; sie sind Prototypen der Uschebtis, die sich in späteren Jahrhunderten zu einer Dienerschar für den Toten entwickeln werden.

Die Eigenverantwortlichkeit des Menschen spricht als weltanschaulicher Hintergrund aus den Gesichtern der Privatstatuen des Mittleren Reiches (Kat. 45-48). Sie, was oft geschieht, als Spiegelung der künstlerischen Evolution des Königsbildnisses zu erklären, ist sowohl geistes- als auch kunstgeschichtlich nicht haltbar. Hinter der Loyalität gegenüber dem König, die auch selbstherrliche Gaufürsten nicht verweigern, steht das Bewußtsein persönlicher Freiheit, das sich in der Architektur bis hin zur Übernahme königlicher Grabformen – die Felsengräber von Gau el-Kebir – und zu einer eigenen Jahreszählung – Chnumhotep in Beni Hassan – steigern kann. So ist es nicht auszuschließen, daß die Entwicklung des Individualporträts im nichtköniglichen Bereich ihren eigenen Weg geht. Insbesondere in räumlicher Distanz zur Residenz scheinen sich die Künstler einer gewissen Autonomie zu erfreuen; die Statuen aus dem Heiligtum des Ortsheiligen Hekaib auf der Insel Elephantine orientieren sich nicht am Stil der königlichen Werkstätten, und die Statue der Ii-meret-nebes (Kat. 49), die im Tempel von Karnak Priesterin war, überschreitet im buchstäblichen Sinn des Wortes mit ihrem weiten Schritt nach vorn, aber auch in ihrer Körpermodellierung die zeittypischen Grenzen.

Eine individuelle Jenseitshoffnung findet ihren Niederschlag im individuellen Erscheinungsbild des Menschen, sie ist geradezu auf das personhaft geprägte Bild angewiesen.

D. W.

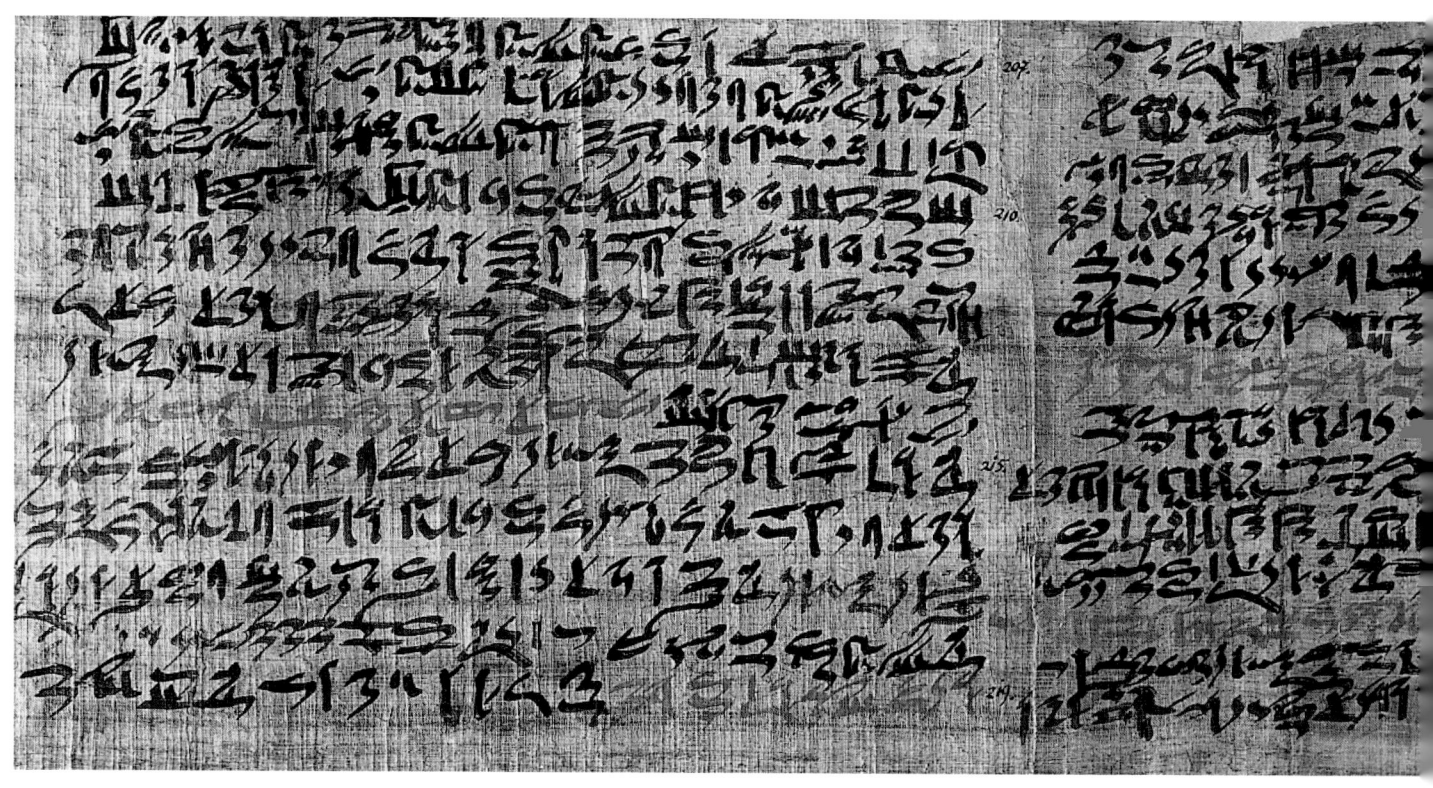

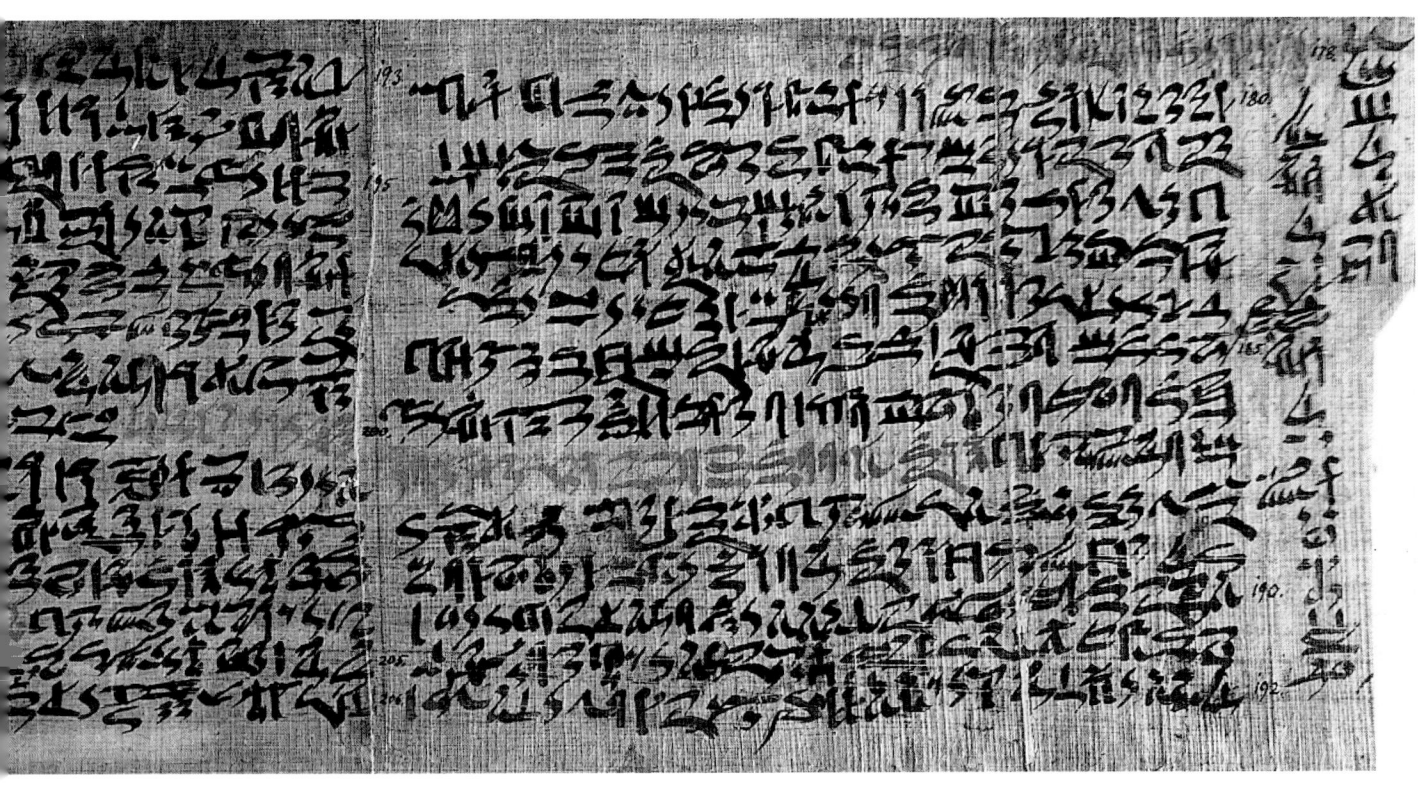

44   »Geschichte des Sinuhe«

Sinuhe stellt sich vor:
»Der Graf und Erbfürst, der Siegler des Königs von Unterägypten, der Einzige Freund des Königs, der Richter und Verwalter der Provinzen des Fürsten in den Ländern der Beduinen, der wirkliche Bekannte des Königs, den er liebt, der Gefolgsmann Sinuhe, er sagt:
›Ich war ein Gefolgsmann, der seinem Herrn folgte, ein Diener des königlichen Harems bei der Erbfürstin, der Königsgemahlin des Sesostris, der Tochter des Amenemhet, der Neferu, der ehrwürdigen.‹«

Sinuhe auf der Flucht:
»Fremdland gab mich an Fremdland weiter. Ich löste mich von Byblos und näherte mich Kedem. Dort verbrachte ich anderthalb Jahre. Es holte mich Ammunesch. Es war der Herrscher von Ober-Retjenu. Er sagte zu mir: ›Du sollst es gut bei mir haben. Du wirst die Sprache Ägyptens hören.‹ Er sagte das, denn er hatte von meiner Tüchtigkeit erfahren und von meiner Gewandtheit gehört. Leute aus Ägypten, die dort bei ihm waren, hatten von mir erzählt. Darauf sagte er zu mir: ›Warum bist du hierher gekommen? Gibt es etwas, das in der Residenz geschehen ist?‹ Darauf sagte ich zu ihm: ›Der König von Ober- und Unterägypten Sehetep-ib-Rê hat sich zum Horizont begeben. Man weiß nicht, was deswegen geschehen wird.‹«

Sinuhe im Exil:
»Er (Ammunesch) setzte mich an die Spitze seiner Kinder und pflockte mich durch Heirat an seine älteste Tochter. Er ließ mich etwas von seinem Land für mich auswählen, von dem besten, was er hatte... Es war ein schönes Land, Jaa war sein Name. Feigen gab es darin und Weintrauben, es hatte mehr Wein als Wasser. Sein Honig war viel, seine Ölbäume zahlreich, und allerlei Obst war auf seinen Bäumen. Gerste gab es dort und Emmer, und unbegrenzt war die Zahl von allerlei Vieh.«

Sinuhe hat Heimweh:
»O Gott, wer immer du bist, der diese Flucht bestimmt hat. Mögest du gnädig sein und mich in die Residenz versetzen! Sicher wirst du mich den Ort wiedersehen lassen, an dem mein Herz immerfort weilt! Was gibt es Größeres, als daß mein Leichnam in dem Land bestattet wird, in dem ich geboren bin?«

45   *Standschreitfigur des Amenemhet-anch*

46   *Oberteil einer männlichen Statue*

LOYAL UND SELBSTBEWUSST. PRIVATPORTRÄTS

47   *Hockfigur des Sebek-em-inu*

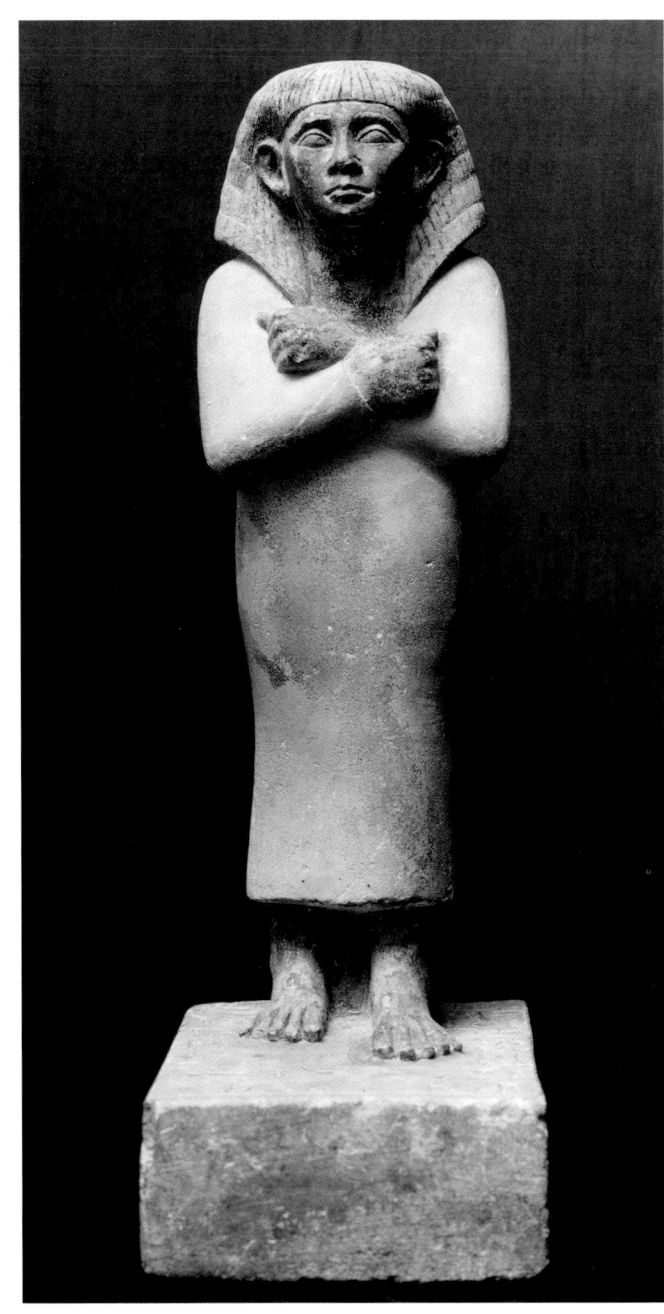

48   *Standfigur des Antef*

Loyal und selbstbewusst. Privatporträts

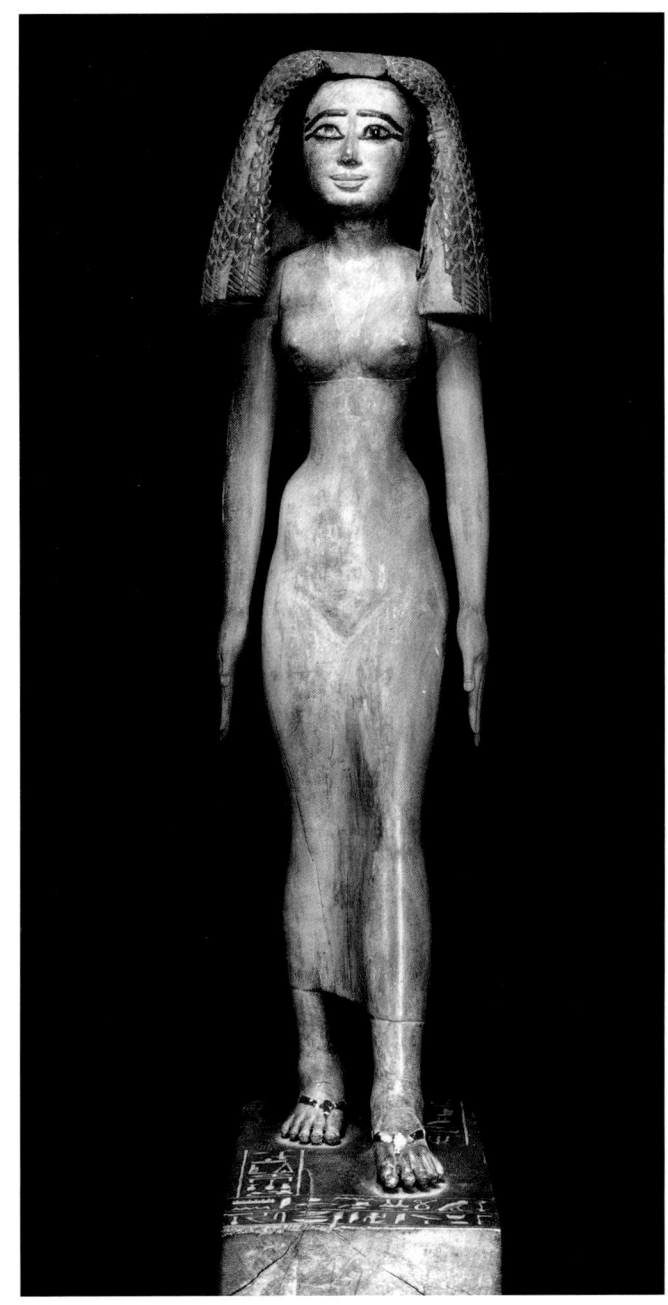

49   *Standschreitfigur der Ii-meret-nebes*

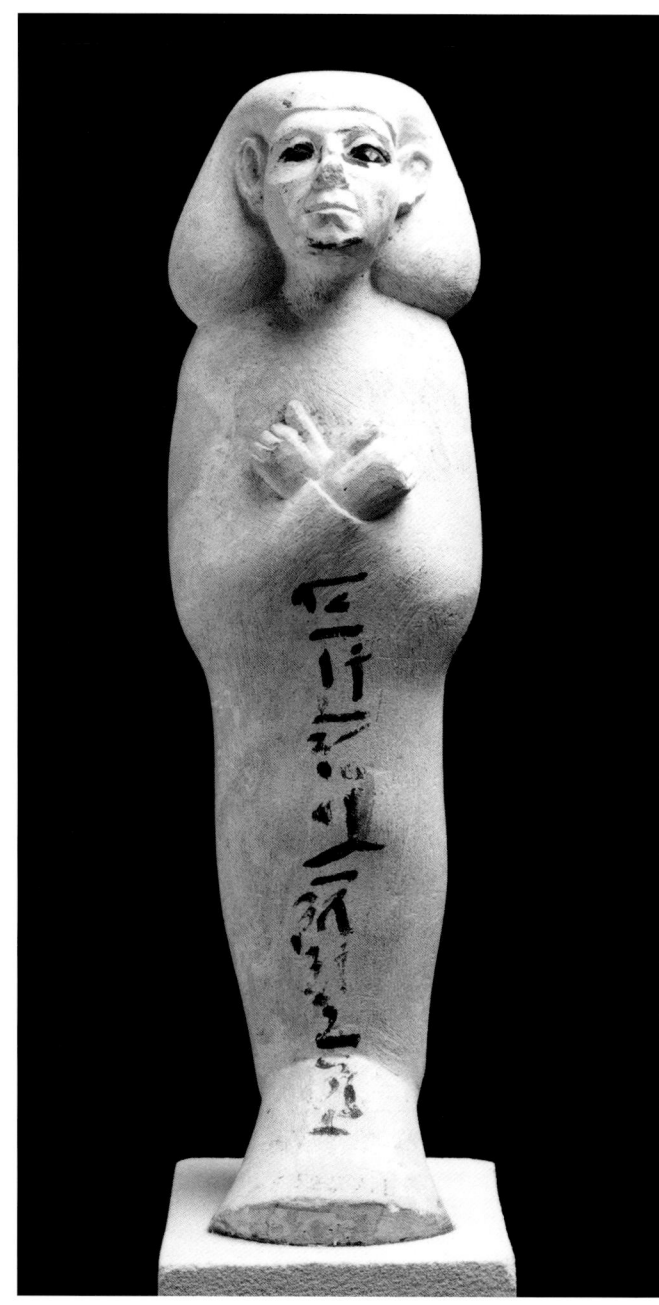

50 *Totenfigur des Nachti*

Loyal und selbstbewusst. Privatporträts

51   *Totenfigur des Renseneb*

Die Regierungszeit Sesostris' III. ist nicht nur durch die große Zahl der Bildnisse dieses Herrschers und durch deren einprägsame Porträtzüge eine Epoche, die außergewöhnlich lebendig vor uns steht, sondern auch durch die langen, inhaltsreichen historischen Texte aus diesen knapp zwei Jahrzehnten. Die Konsolidierung der Südgrenze am Zweiten Katarakt wird auf der Semna-Stele (Kat. 29) und in mehreren Felsinschriften festgehalten. Expeditionen, die unter Sesostris III. zur Steingewinnung ins Wadi Hammamat in den Bergen zwischen Niltal und Rotem Meer und zum Kupferabbau auf den Sinai entsandt werden, finden ihren Niederschlag in Stelen und Felsinschriften.

Aus der Zeit seines Nachfolgers Amenemhet III. fehlen zusammenhängende historische Texte – sei es aufgrund der Zufälligkeit der archäologischen Fundlage, sei es als Zeichen abnehmender außenpolitischer Aktivitäten.

Dennoch gehört Amenemhet III. zu den altägyptischen Herrschern, die als einprägsame historische Gestalten ins Bewußtsein der Geschichte treten. Bildliche Quellen sind es, die diesen König zu einer herausragenden Persönlichkeit werden lassen. Sein Porträt steht zwar in der Entwicklungslinie der Bildnisse seines Vaters Sesostris III., unterscheidet sich aber von dessen scharf und kompromißlos gezeichneten Zügen durch eine ruhigere Gesichtslandschaft. Der bei Sesostris III. durch nach unten gezogene Mundwinkel grimmig wirkende Mund ist bei Amenemhet durch eine strikt horizontal geführte Mundspalte freundlicher, die weicher modellierten Wangen lassen die Falten zwischen Nase und Mund nicht so scharf geschnitten erscheinen wie bei Sesostris, und die schweren Oberlider, die Sesostris' Augen überschatten, fehlen bei Amenemhet.

Durch diese Abmilderung der Extreme werden die Züge Amenemhets III. milder, menschlicher, und an die Stelle der in manchen Porträts Sesostris' III. geradezu brutalen Direktheit des Ausdrucks tritt ein gesammelter Ernst. Amenemhets Bildnisse haben die Kunstgeschichte immer wieder vor Probleme gestellt. Ein Kopf mit oberägyptischer Krone aus Gneis (Kat. 52) wurde in seiner Echtheit angezweifelt, und das großartige Porträt aus Schist (Kat. 53) ist lange Zeit als Meisterwerk der Ptolemäerzeit angesehen worden. Nur unter dem Einfluß griechischer Kunst schien eine so subtile Modellierung des Gesichts vorstellbar. Die Gegenüberstellung mit gesicherten Bildnissen Amenemhets III. läßt aber aufgrund der Einzelformen und der Spannung zwischen Oberfläche und Schädelstruktur keinen Zweifel daran, daß dieser Kopf, der unter die besten Leistungen der ägyptischen Kunst zählt, dem Mittleren Reich zuzuweisen ist. Das Statuenoberteil aus schwarzem Granit (Kat. 54) wurde sogar vom selben Ägyptologen, der sie erworben hatte, später für eine moderne Arbeit gehalten.

Trotz der starken Zerstörungen ist das Figuren-Oberteil aus Serpentinit (Kat. 55) als Amenemhet III. erkennbar, während die überlebensgroße Beterstatue (Kat. 56) zwar durch die Namenskartusche auf der Gürtelschließe des knöchellangen Schurzes als Amenemhet III. identifiziert werden kann, aber nicht dessen Gesichtszüge zeigt; sie wurde von Merenptah, dem Sohn Ramses' II., sechs Jahrhunderte nach ihrer Entstehung reaktiviert, mit neuen Inschriften versehen und im Bereich des Gesichtes überarbeitet.

Landesvater. Das Königsbildnis Amenemhets III.

Jugendlich frisch sind die Züge der kleinen Büste aus grünlichem Kalzit (Kat. 57), und frisch wirkt auch das Gesicht des Mähnensphinx aus Kalkstein (Kat. 58). Diese Variante der Sphinxfigur hat Amenemhet III. auch für große Granitstatuen gewählt, die in Tanis im östlichen Nildelta ausgegraben wurden, wohin sie zu Beginn des 1. Jahrtausends v. Chr. verschleppt worden waren – vermutlich aus Bubastis, der Tempelstadt im Ostdelta, in der ein Palast Amenemhets III. freigelegt worden ist. Auch diese Mähnensphingen haben die Kunstgeschichte lange Jahrzehnte irritiert; bald hielt man sie für Werke der Hyksoszeit, bald für Arbeiten der ägyptischen Frühgeschichte. Zu unägyptisch erschienen sie in ihren Gesichtszügen. Dieselben Datierungsprobleme stellten sich auch bei dem Statuenoberteil (Kat. 59) mit latzartigem Bart, eng anliegender Haarkappe und mächtiger Zopfperücke, der nach Ausweis eines Parallelstückes in Kairo zu einer (Doppel-?) Statue des Fische opfernden Amenemhet III. gehört.

Den ikonographischen Besonderheiten der Mähnensphingen und »Fischopferer« fügt eine Kupferstatue (Kat. 60) eine technologische Neuerung hinzu; sie ist massiv gegossen, und sowohl Arme als auch die Krone waren als gesondert gegossene Teilstücke angesetzt. Durch die in Elektrum und Bergkristall eingelegten Augen und den ursprünglich um die Hüften gelegten Schurz aus Silberblech gewann die Figur zu ihrer in den mächtigen Beinen weit ausholenden Bewegung eine polychrome Lebendigkeit. Die im Metallguß mögliche freie Ausformung der Gliedmaßen und differenzierte Modellierung des Körpers verleiht auch der Kupferfigur eines Würdenträgers (Kat. 61), die in ihrem unteren Teil hohl gegossen ist, trotz ihres massigen Körpervolumens dreidimensionale Freiheit. Der Realismus des Gesichts und des asymmetrisch geformten kantigen Schädels findet sich bei anderen Kupferfiguren aus demselben Fundkomplex, der wahrscheinlich aus Hawara stammt, dem Ort der Grabpyramide Amenemhets III. am Ostrand der Fayûm-Oase.

S. Sch.

52   Kopf einer Statue Amenemhets III.

Landesvater. Das Königsbildnis Amenemhets III.

53 Kopf einer Statue Amenemhets III.

54   Oberteil einer Königsfigur

LANDESVATER. DAS KÖNIGSBILDNIS AMENEMHETS III.

55   Oberteil einer Statue Amenemhets III.

56   Beterfigur Amenemhets III.

LANDESVATER. DAS KÖNIGSBILDNIS AMENEMHETS III.

57   *Oberteil einer Statue Amenemhets III.*

58   *Mähnensphinx Amenemhets III.*

LANDESVATER. DAS KÖNIGSBILDNIS AMENEMHETS III.

59   Oberteil einer Statue Amenemhets III.

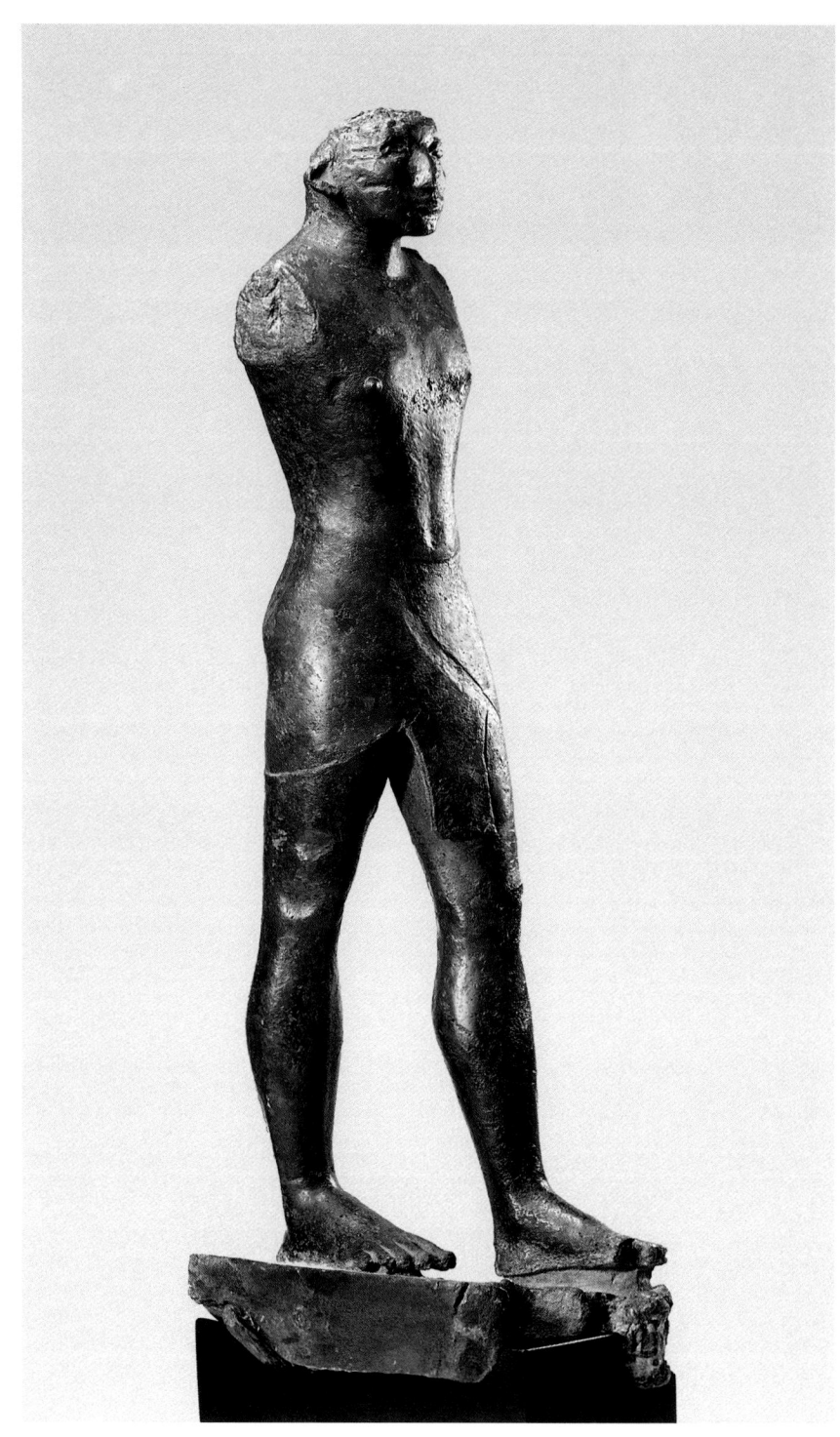

60 *Standschreitfigur Amenemhets III.*

LANDESVATER. DAS KÖNIGSBILDNIS AMENEMHETS III.

61   Standschreitfigur eines Mannes

Die Porträtkunst der Zeit Sesostris' III. und Amenemhets III. prägt so sehr das Bild der Kunst des Mittleren Reiches, daß die folgenden Generationen in der Kunstgeschichte nur noch wenig Beachtung finden. Die 13. Dynastie leitet mit einer dichten Folge kurzfristig regierender Pharaonen den politischen Niedergang Ägyptens ein, der in der Fremdherrschaft der Hyksos seinen Tiefstpunkt findet. Die rasch schwindende politische Stärke Ägyptens in der 13. Dynastie mit einem Verfall künstlerischer Qualität gleichzusetzen, ist jedoch unbegründet.

Sowohl für königliche als auch private Auftraggeber schaffen die Künstler der 13. Dynastie Werke von höchstem Rang. Die fast lebensgroße Standschreitfigur des Sebekemsaf (Kat. 62) bildet einen krönenden Höhepunkt der Skulptur des Mittleren Reiches. Die Umkleidung des strengen formalen Gerüsts der Statue mit einem schwellenden, prallen, straffen Körpervolumen und das Vorwärtsdrängen der ausschreitenden Füße verleihen der Statue eine starke Dynamik. Die Spannung zwischen Körperlichkeit und linearer Starre erzeugt eine latente Unruhe, die sich im wachen Blick des hoch erhobenen Kopfes bündelt.

Der Königskopf aus Schist (Kat. 63) kann anhand der ihm zugehörigen Statue, die im Heiligtum des Hekaib auf Elephantine ausgegraben wurde, dem König Amenemhet V. aus der frühen 13. Dynastie zugewiesen werden. Über viele Jahrzehnte galt er jedoch als Meisterwerk der frühen Ptolemäerzeit, wurde also eineinhalb Jahrtausende später datiert. Gerade dieser Irrtum unterstreicht nachdrücklich die herausragende Bedeutung dieser Skulptur.

Stilistisch steht ihr ein kleiner Königskopf mit dem Chat-Kopftuch (Kat. 64) nahe, das für das späte Mittlere Reich mehrfach belegt ist. Er zeigt wie Amenemhet V. die gespitzten Lippen und jenes Lächeln, das den Königsporträts der 12. Dynastie völlig fehlt.

Künftiger kunsthistorischer Forschung bleibt es überlassen, die Rehabilitierung der 13. Dynastie als kreative, qualitätvolle Phase der Kunst des Mittleren Reiches weiter voranzutreiben und ihr Werke zuzuschreiben, die heute noch in andere Blütezeiten der altägyptischen Kunst datiert sind.

S. Sch.

Später Glanz.
Die 13. Dynastie

62 *Standschreitfigur des Sebekemsaf*

63   *Kopf einer Sitzfigur Amenemhets V.*

SPÄTER GLANZ. DIE 13. DYNASTIE

64   *Kopf einer Königsfigur*

Die dynastischen Verhältnisse des Mittleren Reiches bringen es mit sich, daß von der 11. bis ans Ende der 12. Dynastie von der in Ägypten generell gegebenen Möglichkeit der weiblichen Thronfolge kein Gebrauch gemacht werden muß. Königinnen – Haupt- und Nebenfrauen gleichermaßen – genießen jedoch schon in der 11. Dynastie eine privilegierte Stellung, wenn ihnen Mentuhotep II. in seinem Grabtempel von Deir el-Bahari an prominenter Stelle Begräbnisstätten einrichtet (vgl. Kat. 5, 8). Die überlebensgroßen Statuen der Nofret, der Gemahlin Sesostris' II., sind noch zu Beginn des ersten Jahrtausends v. Chr. so gültige Manifestationen der Stellung der ägyptischen Königin, daß sie im Tempelbereich von Tanis wiederverwendet werden – zusammen mit den Mähnensphingen Amenemhets III. Auch die kostbaren Juwelen aus den Gräbern der Königinnen bei den Pyramiden von Dahschur und Illahun legen Zeugnis ab vom Status der Damen des Hofes.

Die Fragmente von Statuen königlicher Frauen (Kat. 65, 67) greifen stilistisch den Bildnistypus des Königs Sesostris III. auf; ihr kleines Format läßt daran denken, daß sie nicht als selbständige Skulpturen gearbeitet waren, sondern als Begleitfiguren zu Statuen des Herrschers gehörten (vgl. Kat. 68, 69).

Eine Sonderstellung nimmt der Oberteil einer Königinnenstatue (Kat. 66) ein, die in einen Mantel mit V-Ausschnitt gehüllt ist, wie ihn der König beim Jubiläumsfest trägt. Ein Diadem aus zwei Geiern mit ausgebreiteten Schwingen umschließt den Oberkopf, und auch darin gibt sich eine regierende Königin zu erkennen. Als am Ende der 12. Dynastie mit dem Tod Amenemhets IV. die männliche Thronfolge abbricht, regiert Sobek-Nofru, eine Tochter Amenemhets III. und Schwester Amenemhets IV., für knapp vier Jahre als Pharao. Nur sie kann hier dargestellt sein; die riesengroßen Ohren und die Form des einzig erhaltenen linken Auges sind eine stilistische Bestätigung dieses Datierungsansatzes.

Die beiden Frauenfiguren aus Quarzit (Kat. 68, 69) scheinen sich in diese Gruppe der Statuen von Königinnen des Mittleren Reiches einzufügen. Sie wurden jedoch in einem Privatgrab gefunden, im Grab des Hohenpriesters Sesostris-Anch (vgl. Kat. 27), und hatten ihren Platz beiderseits der Unterschenkel an der Vorderseite des Sitzes, auf dem der Grabherr thronte. Selbst in dieser sekundären Funktion sind sie in der Modellierung der überschlanken Körper und in ihren fülligen Gesichtern mit hoch angesetzten großen Ohren bemerkenswerte Arbeiten.

S. Sch.

Dem König ebenbürtig. Bildnisse von Königinnen

65   *Kopf einer Königinnenfigur*

66   *Oberteil einer Königinnenfigur*

DEM KÖNIG EBENBÜRTIG. BILDNISSE VON KÖNIGINNEN

67   *Oberteil einer Königinnenfigur*

68   *Standfigur einer Frau*

Dem König ebenbürtig. Bildnisse von Königinnen

69   *Standfigur einer Frau*

Das Wissen um die eigene Verantwortung hat dem Individualporträt im Mittleren Reich den Weg geebnet. Viele Bildnisse sind, wenn sie nicht aus datiertem Kontext stammen, schwer einzuordnen, da sie sich einem definierbaren Zeitstil entziehen. Dem unbefangenen Blick mag sich manches der Porträts nicht einmal unmittelbar als altägyptisch zu erkennen geben.

Unkonventionell wie die Bildnisse ist auch die literarisch formulierte Auseinandersetzung mit der eigenen Existenz:

> »Ach hätte ich doch unbekannte Reden, Aussprüche und Sprüche neuer Rede, die noch nicht vorbeigegangen ist und ohne schon wiederholt Gesagtes – keinen Spruch von Veraltetem, wie ihn schon die Vorfahren gesagt haben.
>
> Ach wüßte ich doch etwas, was andere noch nicht wußten, etwas von dem, was nicht nur wiederholt ist, damit ich es sagte und mein Herz darauf antwortete, damit ich ihm mein Leid erhelle und zu ihm hin die Last abweise, die auf meinem Rücken liegt.
>
> Ich denke aber nach über das, was geschieht, über die Dinge, die durch das Land hin geschehen. Verwandlung tritt ein, es ist nicht mehr wie im vorigen Jahre, und ein Jahr lastet schwerer als das andere.«

Kritik und Überdruß. Bildnisse des späten Mittleren Reiches

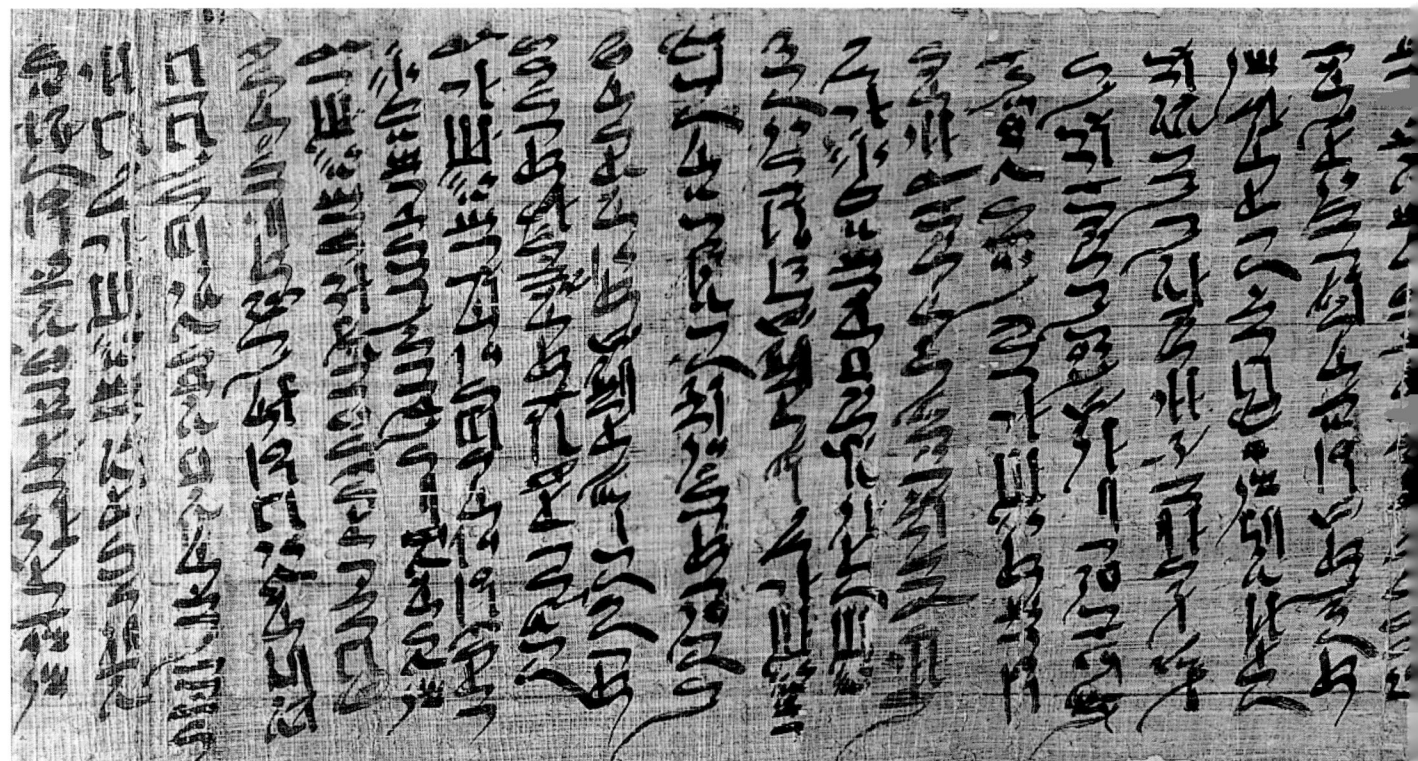

Diese »Klagen des Cha-cheper-Rê-seneb« sind in die Mitte der 12. Dynastie zu datieren, eine Zeit also, die sicherlich nicht dem hier gezeichneten trostlosen Bild entspricht; die literarische Form der »Klage« beschreibt vielmehr eine Grundhaltung, die sich auch in den Bildnissen (Kat. 71-73) niederschlägt, die in sich gekehrt ihre Umwelt negieren– und in Statuen ihre ikonographische Umsetzung erfährt, die sich in betender Haltung (Kat. 74, 75, 77) direkt der Gottheit zuwenden oder mit geöffneten Händen (Kat. 76) den Tempelbesucher um ein Opfer bitten. Der Lebensüberdruß, der sich im »Gespräch des Lebensmüden« (Kat. 78) äußert, beschreibt die innere Emigration, in die sich Porträts des späten Mittleren Reiches (Kat. 79, 80) zurückziehen, verschließt sich aber letztlich doch nicht einer Jenseitshoffnung, in der der Mensch in seine Ruhe finde. Abgeklärt blickt Sa-Hathor aus seiner Würfelfigur (Kat. 81), nachdem er ein bewegtes Leben als Expeditionsleiter im Sinai und in Nubien hinter sich gebracht hat, und die Würfelfigur des Sesostris-Senbefni (Kat. 82) hat in ihrer verhaltenen Heiterkeit von Bonaparte über Kaiserin Josephine bis hin zu William Randolph Hearst die Großen der Welt beglückt, bevor sie das Brooklyn Museum erwarb.

D. W.

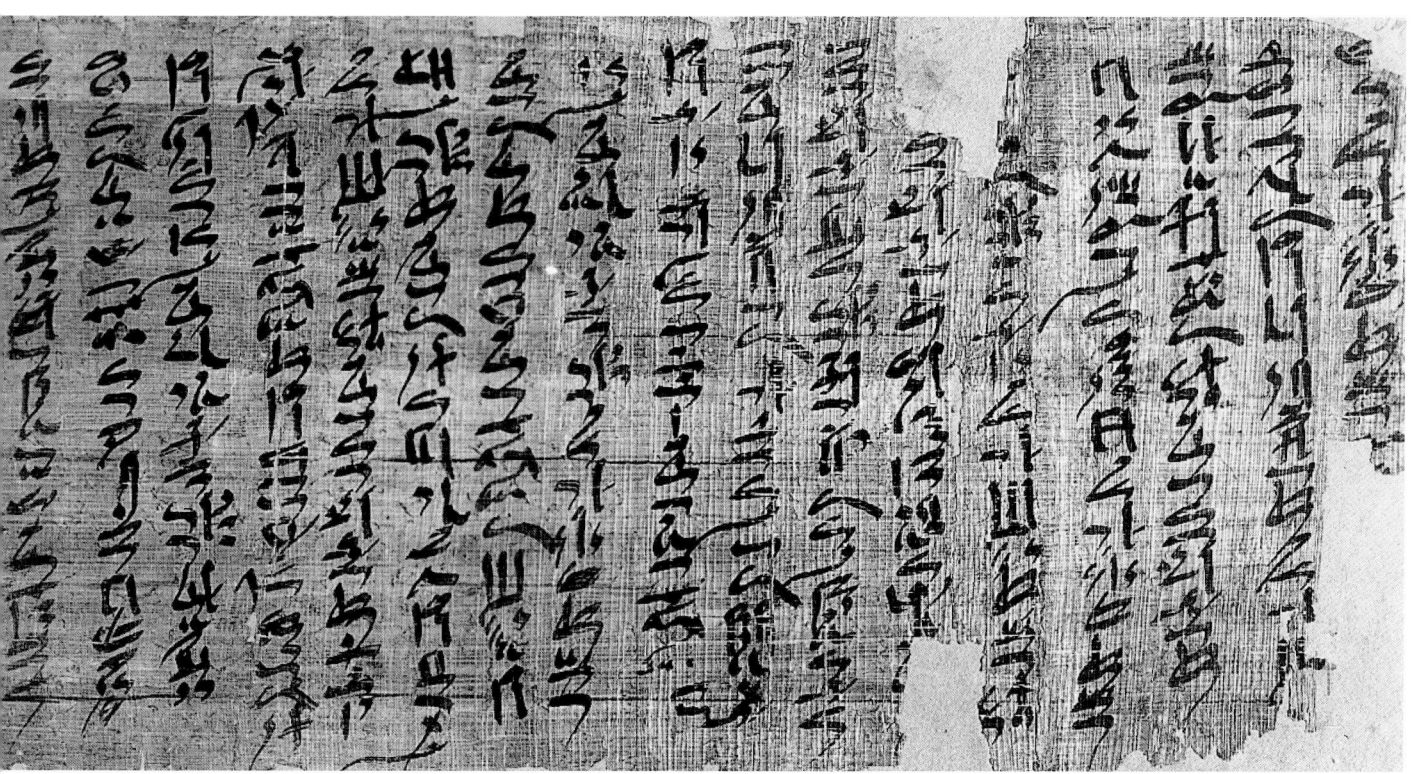

70   »Klagen des Bauern«

»Dann kam der Oasenmann, um ihn zum siebten Mal anzuflehen,
und sprach:
›Oberverwalter, mein Herr! Du bist das Steuerruder des ganzen Landes,
nach dessen Befehl das Staatsschiff fährt.
Du bist der Kollege des Thoth,
der richtet, ohne parteiisch zu sein.
O Herr, erlaube,
daß dich ein Mann anfleht für sein Recht!
Sei nicht ärgerlich – das ist nichts für dich.
Der mit frohem Gesicht wird bekümmert im Herzen –
grüble daher nicht über das, was noch nicht kam,
und juble nicht über das, was noch nicht eintraf.
Duldsamkeit verlängert die Freundschaft,
aber wer einen Rechtsfall zerstört, dem kann man nicht trauen.
Ist das Gesetz zerbrochen und die Ordnung gestört,
dann kann ein Armer nicht leben, der beraubt wurde,
und die Gerechtigkeit wendet sich ihm nicht zu.
Mein Inneres ist erfüllt, mein Herz ist bedrückt,
es quillt hervor aus meinem Leib, weil es muß.
Ein Bruch ist im Damm, und sein Wasser ist ausgelaufen.
Offen steht mein Mund, um zu reden.
Ich habe meinen Damm geöffnet,
und meinen Harn habe ich entleert.
Ich habe abgelassen, was in meinem Leib war,
und meine Wäsche habe ich gewaschen.
Meine Rede ist geschehen,
mein Elend ist vor dir ausgebreitet.
Was ist deine Antwort?‹«

(nach E. Hornung)

71   *Kopf einer Männerfigur*

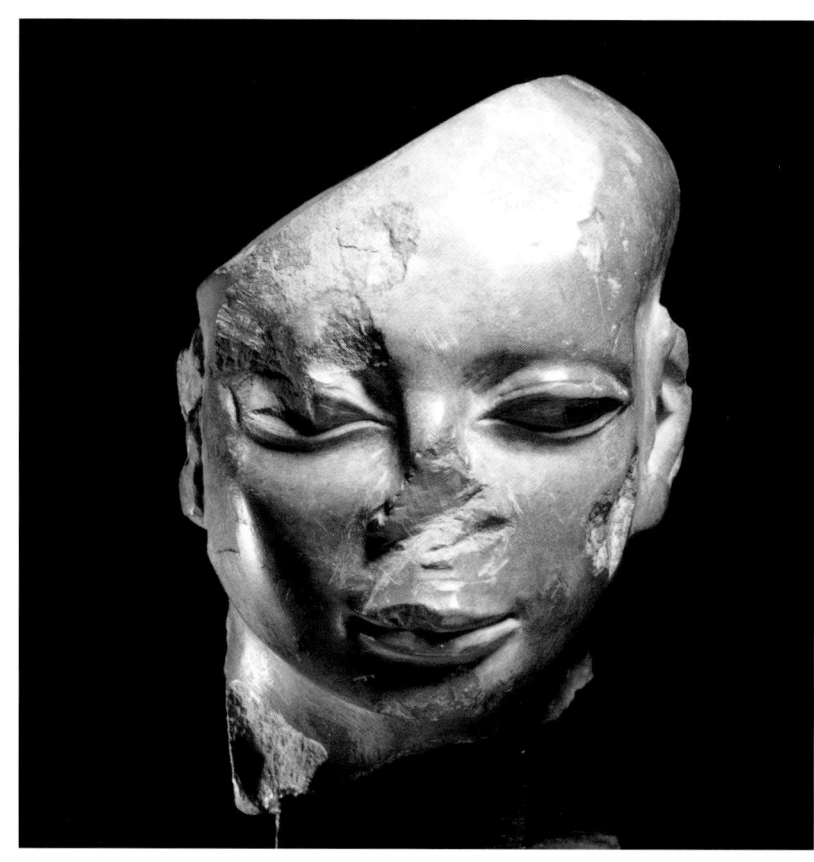

72   Kopf einer Männerfigur

Kritik und Überdruss.

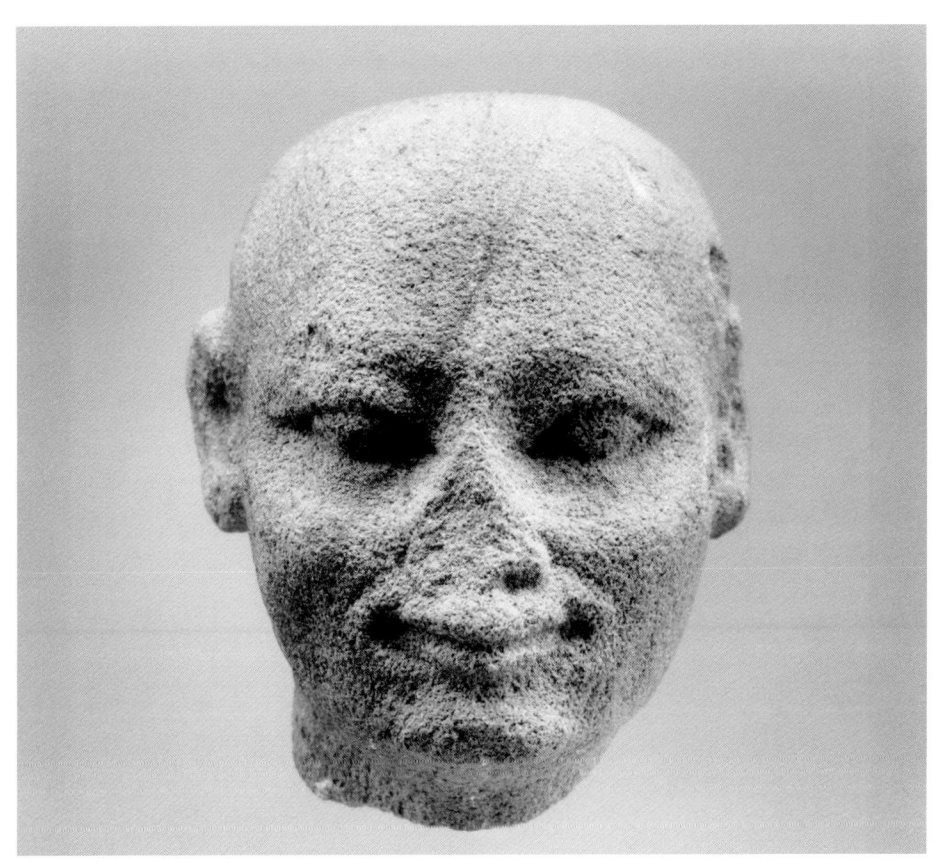

73   *Kopf einer Männerfigur*

74   *Sitzfigur des Renef-seneb-dag*

KRITIK UND ÜBERDRUSS.

75   *Beterfigur des Tetu*

76   *Hockfigur des Cheper-ka-Rê-seneb*

KRITIK UND ÜBERDRUSS.

77   *Gruppenstatue von Hohenpriestern des Ptah*

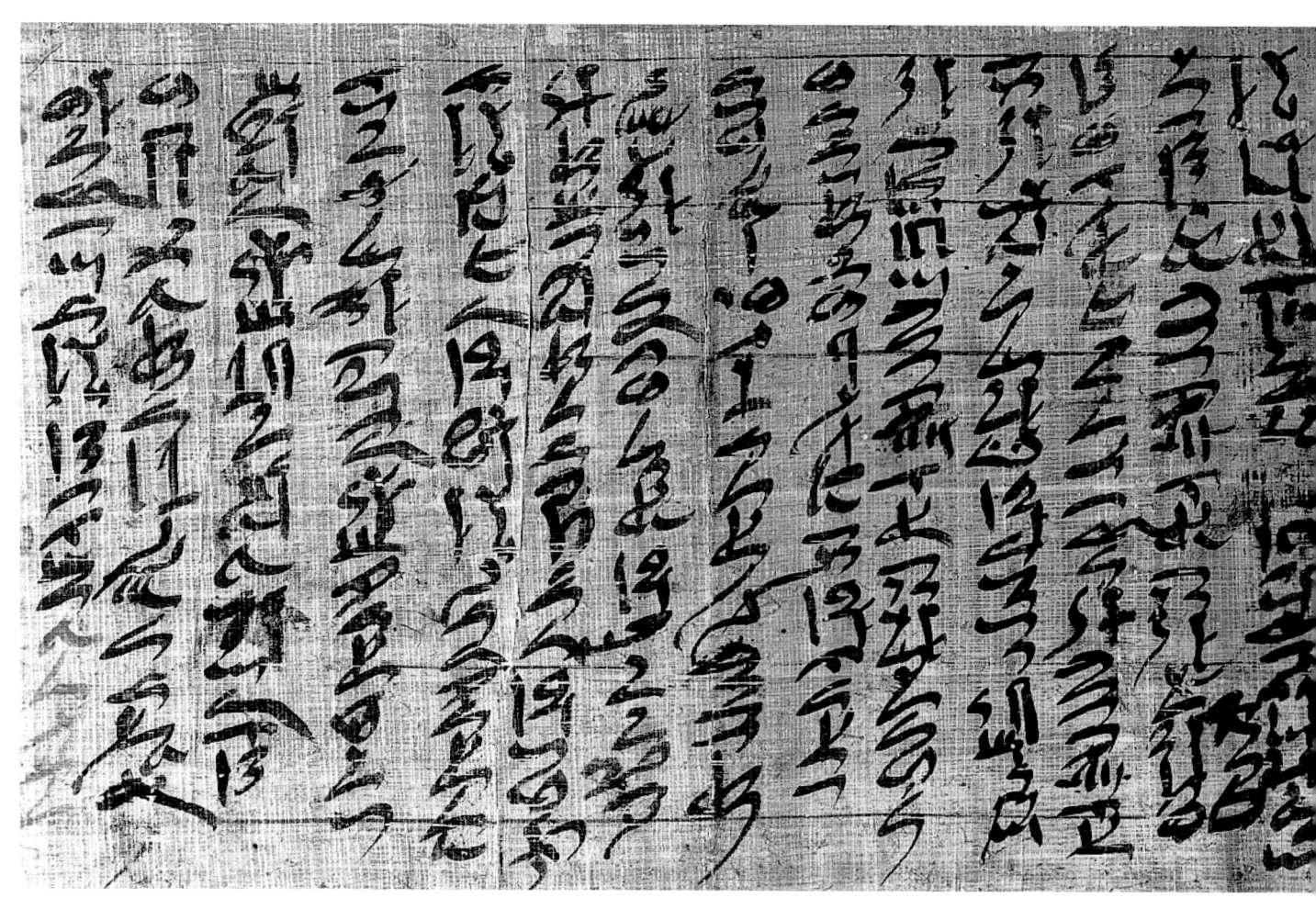

KRITIK UND ÜBERDRUSS.

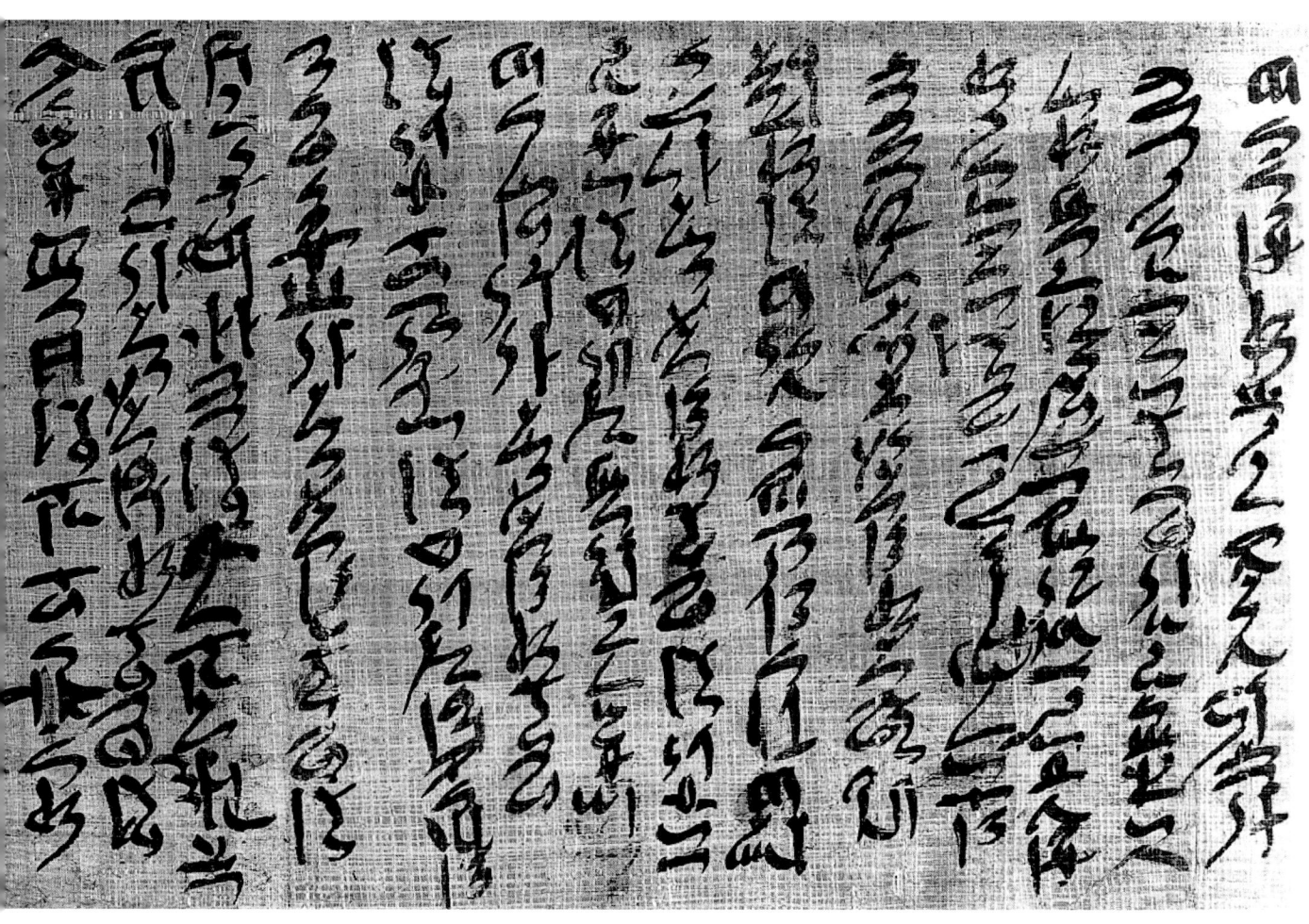

78   *»Gespräch des Lebensmüden«*

»Zu wem soll ich heute sprechen?
die Herzen sind habgierig,
man kann sich auf keines Menschen Herz verlassen.
Zu wem soll ich heute sprechen?
Es gibt keinen Gerechten,
die Welt bleibt denen überlassen, die Unrecht tun.
Zu wem soll ich heute sprechen?
Es mangelt an Vertrauten,
man nimmt Zuflucht zum Unbekannten, um ihm zu klagen.
Zu wem soll ich heute sprechen?
Es gibt keinen Glücklichen mehr, und jener,
mit dem man ging, ist nicht mehr.
Zu wem soll ich heute sprechen?
Das Übel, welches die Welt schlägt –
kein Ende hat es.

Der Tod steht heute vor mir
wie das Genesen eines Kranken,
wie wenn man ins Freie tritt nach einem Leiden.
Der Tod steht heute vor mir
wie der Duft von Weihrauch,
wie das Sitzen unter dem Segel am Tag des Windes.
Der Tod steht heute vor mir
wie Duft der Lotosblüten,
wie Wohnen am Rand der Trunkenheit.
Der Tod steht heute vor mir
wie das Aufhören des Regens,
wie die Heimkehr eines Mannes vom Feldzug nach Hause.
Der Tod steht heute vor mir
wie der Wunsch eines Menschen, sein Heim wiederzusehen,
nachdem er viele Jahre in Gefangenschaft verbrachte.«

(nach E. Hornung)

79   *Hockfigur des Gebu*

80   Oberteil einer Männerfigur

KRITIK UND ÜBERDRUSS.

79 *Detail*

81   *Stele und Würfelfigur des Sa-Hathor*

KRITIK UND ÜBERDRUSS.

82   *Würfelfigur des Sesostris-Senbefni*

Die Offenheit der Kunst des Mittleren Reiches für das Neue speist sich aus Anregungen, die aus der inneren Entwicklung des Landes wachsen. Wie in allen Epochen der ägyptischen Kunstgeschichte, so reagiert auch das künstlerische Schaffen des Mittleren Reiches kaum auf den Kontakt mit den Nachbarn. Die Darstellung von fremdländischen Karawanen mit ihren exotischen Gütern gehört zwar ins ikonographische Repertoire der Grabbilder, aber die Sprache der Bilder, ihre Stilistik, bleibt unbeeinflußt von den Erfahrungen mit der Kunst fremder Länder.

Im Gegenzug zu dieser Immunität gegenüber dem Fremden wirkt die ägyptische Kunst ihrerseits nachhaltig auf die Nachbarkulturen ein. Die ägyptischen Handelsniederlassungen an den Küsten der Levante sind auch Umschlagplätze für Kunst und Kunsthandwerk aus Ägypten. Form und Ikonographie nach ägyptischen Vorbildern vermischen sich mit der landesspezifischen Stilistik zu einem ausgeprägten Mischstil. Ähnliches ereignet sich im Süden Ägyptens, im Königreich Kerma, das in Beinschnitzereien und in keramischen Arbeiten künstlerisch auf die Begegnung mit Ägypten reagiert.

Erst mit dem Zusammenbruch des Mittleren Reiches und mit dem zunehmenden Einfluß vorderasiatischer Bevölkerungselemente im östlichen Nildelta dringen auch fremde Formen in die Kunst des Niltals ein. Im Kunsthandwerk sind dies u.a. die Typen und Ornamente der vorderasiatischen Tell el-Yahudija-Keramik und der Dekor der Skarabäen. In der Architektur treten Grundrisse auf, die ihre Vorbilder in Palästina und Syrien haben.

Für die Skulptur liegen nur wenige Hinweise auf ausländischen Einfluß vor. Der lebensgroße Statuenkopf (Kat. 83) ist – abgesehen von den Statuen von Gefangenen – das bislang einzige gut erhaltene Belegstück für die Darstellung eines Nichtägypters in der Plastik des Mittleren Reiches. Seine pilzförmige Perücke ist aus der Darstellung einer vorderasiatischen Karawane im Grab des Chnumhotep in Beni Hasan bekannt, und von dem dort belegten Vollbart zeugen bei diesem Statuenkopf noch die Umrißlinien auf den Wangen. Die stark zerstörten Gesichtszüge lassen den ethnischen Typus des Asiaten erkennen. Formal fügt sich aber auch diese außergewöhnliche Statue in das traditionelle Regelwerk der ägyptischen Plastik: Am Nacken ist der Ansatz des Rückenpfeilers erhalten geblieben. Das einzige unmittelbar vergleichbare Objekt ist eine stark zerstörte Statue, die in Tell ed-Dab'a im östlichen Nildelta in einer archäologischen Schicht der 13. Dynastie gefunden wurde. Bei Tell ed-Dab'a lag das antike Auaris, die Residenz der Hyksos, der Fremdherrscher, die dem Mittleren Reich ein Ende setzten. Beide Statuen stellten wohl hohe Würdenträger der ethnischen Gruppe der Vorderasiaten im Ostdelta dar – Vorgänger der Hyksos-Herrscher.

S. SCH.

Neue Töne.
Fremde Einflüsse

83   *Kopf einer Männerfigur*

Daß Schrift und Sprache des Mittleren Reiches über zwei Jahrtausende die Hochsprache und das normative Schriftsystem Altägyptens bilden, ist ein allgemein bekannter Grundzug der Kulturgeschichte Ägyptens, der mit gutem Recht als repräsentatives Beispiel für die Kontinuität des ägyptischen Denkens gilt. Auch den Historikern ist nicht verborgen geblieben, daß sich Könige der Spätzeit nach Herrschern der 12. Dynastie benannt haben. Nektanebos I. gibt sich um 380 v. Chr. ebenso den Thronnamen Sesostris' I. Cheper-ka-Rê wie der meroitische König Natakamani um die Zeitenwende.

Das Mittlere Reich bietet zunächst nach dem künstlerischen Vakuum der Hyksoszeit die Orientierung bei der Wiedergewinnung der Kunst am Anfang des Neuen Reiches, am Übergang von der 17. zur 18. Dynastie. Der historische Präzedenzfall des frühen Mittleren Reiches weist frappierende Analogien auf: Auch damals, vor einem halben Jahrtausend, galt es, das zersplitterte Land zu vereinigen, und auch damals waren die Protagonisten der Wiedervereinigung die Fürsten von Theben. Die Statuen Amenophis' I. aus Deir el-Bahari sind nur in stilistischen Nuancen von den Statuen Mentuhoteps II. vom selben Ort zu unterscheiden. Die Grabreliefs der frühen 18. Dynastie weisen den gleichen trockenen Stil auf wie die Wandbilder in den thebanischen Gräbern der 11. und frühen 12. Dynastie.

Bei der Wiederverwendung alter Statuen durch die Könige der Ramessidenzeit gilt das besondere Interesse den Königsfiguren der 12. Dynastie. Wie neuere Forschungen gezeigt haben, ist ein beträchtlicher Teil der ramessidischen Großplastik bereits im Mittleren Reich entstanden. Ihre neuerliche Aufstellung ist nicht eine Usurpation, eine Tilgung ihrer bisherigen Identität, sondern eine Reaktivierung unter bewußter Bezugnahme auf die historische Tiefe des Originals (vgl. Kat. 56).

Die ägyptische Spätzeit der 25. und 26. Dynastie (750-525 v. Chr.) sucht und findet die Vorbilder ihrer klassizistischen Kunst häufig in Werken des Mittleren Reiches. Die Gegenüberstellung zweier Statuenköpfe (Kat. 84, 85) macht es nicht nur dem Laien, sondern auch dem Fachmann nicht leicht, zwischen Original des Mittleren Reiches und später Nachahmung zu unterscheiden. Der Quarzitkopf (Kat. 85) galt lange als Werk der späten 12. Dynastie, bevor er in seinem kühlen Formalismus als eine Arbeit der Zeit um 650 v. Chr. erkannt wurde. Zwischen den beiden Frauenfiguren (Kat. 86, 87) bestehen so starke Ähnlichkeiten, daß wohl auch die Elfenbeinfigur (Kat. 87) dem Mittleren Reich zugewiesen würde, wäre nicht ihre Herkunft aus einem Grab der frühen 26. Dynastie bekannt.

Im formalen Aufbau folgt die Sitzfigur des Montemhet (Kat. 89), des Bürgermeisters von Theben am Übergang von der 25. zur 26. Dynastie (ca. 670-650 v.Chr.), dem Schema der Statue des Chertihotep (Kat. 88), die zwölf Jahrhunderte vor Montemhets Zeit geschaffen wurde. Die Ikonographie weicht nur in Details vom alten Vorbild ab, und auch im Stil bemüht sich das Werk der Spätzeit um historisierende Pseudo-Authentizität. Gegenüber der ausgeprägten Oberflächenspannung von Chertihoteps Quarzitfigur bleibt Montemhets Gra-

Vorbild für Jahrtausende. Klassizistisches Nachwirken

nitstatue starr und leblos, und an die Stelle des durchdringenden Blicks des Gesichts des Mittleren Reiches setzt sie ein unverbindliches Lächeln. Die ausgeprägte Porträthaftigkeit anderer Statuen des Montemhet ist hier einem Bildnistypus gewichen, dessen Thema nicht die Person, sondern deren Eingebundensein in eine Kontinuität ist, auf die Chertihoteps in weite Fernen gehender Blick gerichtet zu sein scheint.

Im frühen 2. Jahrtausend v. Chr. setzt das Individualporträt des Mittleren Reiches Maßstäbe, die nicht nur für den Klassizismus der Spätzeit beispielgebend wirken, sondern überhaupt die Möglichkeiten der Visualisierung des menschlichen Wesens offenlegen. Die Kunst der Amarnazeit wirkt manieristisch gegenüber dem Quarzitkopf (Kat. 90), dessen eindringlicher Blick Betroffenheit auslöst und spontanes Interesse an der Person des Dargestellten weckt. Die atmende Oberfläche des Gesichts, das Vibrieren der Augenlider, das kaum sichtbare Zusammenziehen der Augenbrauen, die zum Sprechen bereiten Lippen verbinden sich zu einem über die Grenzen von Zeit und Raum hinausweisenden Bild vom Menschen.

Ihm können nur die besten Werke späterer Epochen zur Seite gestellt werden, der Berliner »Grüne Kopf« etwa (Kat. 91), die späte Wiederaufnahme einer eineinhalb Jahrtausende zuvor gelegten Spur. Beim Blick auf den Quarzitkopf der späten 12. Dynastie werden all die verstummen, die den »Grünen Kopf« nur vor dem Hintergrund an griechischer Kunst gewonnener Seherfahrungen verstehen wollen.

D. W.

84   Kopf einer Männerfigur

85   *Kopf einer Würfelfigur*

86   Standfigur einer Frau

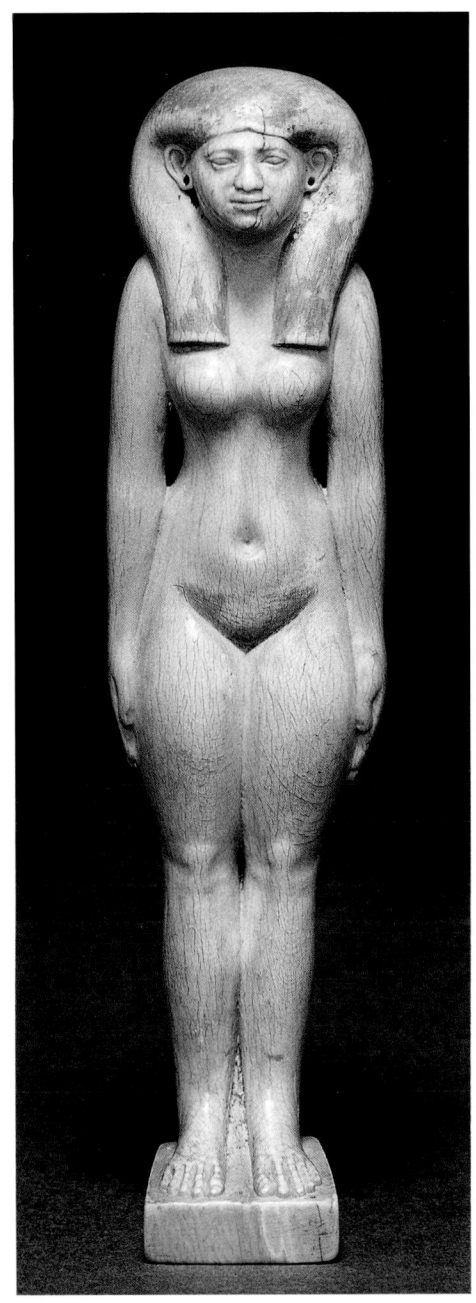

87   *Standfigur der Tadja*

88   *Sitzfigur des Chertihotep*

89 *Sitzfigur des Montemhet*

90   *Kopf einer Männerfigur*

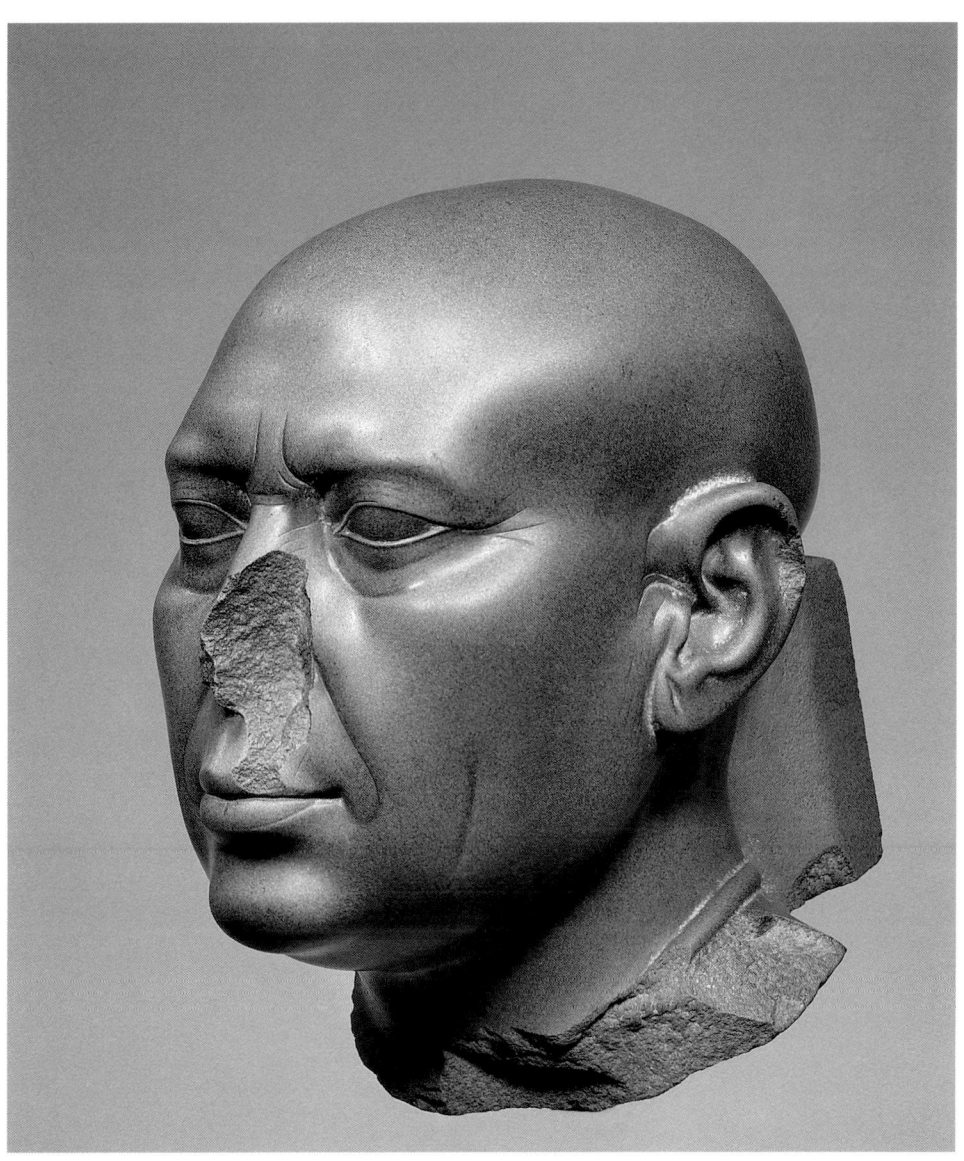

91   *»Grüner Kopf«*

Verzeichnis der ausgestellten Werke
mit Bibliographie und Fotonachweis

1 Papyrus Westcar
Papyrus – H. 34 cm, Br. des Ausschnitts 38 cm – Herkunft unbekannt; 1838/39 in England erworben – Niederschrift der 2. Zwischenzeit, um 1600 v. Chr. – Berlin ÄMP p3033 – Foto: M. Büsing
Simpson, in: LÄ IV, 744-746; E. Brunner-Traut, Altägyptische Märchen, Düsseldorf/Köln 1976, 11-24, 254-256; Parkinson, Sinuhe, 102-127.

2 Doppelstatue des Königs Ni-user-Rê
Kalzit-Alabaster – H. 71,8 cm, Br. 40,8 cm, T. 29,2 cm – Herkunft unbekannt – Altes Reich, 5. Dynastie, um 2400 v. Chr. – München ÄS 6794 – Foto: D. Wildung
D. Wildung, Ni-user-Rê. Sonnenkönig – Sonnengott (SAS 1), München 1984; SSÄK 1995, 44-45, Abb. 44.

3 Porträtkopf eines Mannes
Granodiorit, Farbreste – H. 22,5 cm, Br. 19 cm, T. 21 cm – Herkunft unbekannt – Altes Reich, 4. Dynastie, um 2500 v. Chr. – München ÄS 6932 – Foto: D. Wildung
Wildung, in: MJbK 1986, 213-217, Abb. 1-2; SSÄK 1995, 46, Abb. 45.

4 Relieffragment: Mentuhotep II.
Kalkstein, Bemalung – H. 22,5 cm, Br. 11,5 cm – Aus Theben, Grab des Cheti (TT 311) – 11. Dynastie, 2046-1995 v. Chr. – New York, The Metropolitan Museum of Art 26.3.354b, Rogers Fund 1926 – Foto: Museum
PM I/1, 387.

5 Relieffragment: Mentuhotep II. und Königin Kemsit
Kalkstein, Farbreste – H. 56 cm, Br. 46,5 cm – Aus Theben, Totentempel Mentuhoteps II., Grabschrein der Kemsit – 11. Dynastie, 2046-1995 v. Chr. – London, British Museum EA 1450 (1907 10-15 497) – Foto: Museum
PM II², 389; Bourriau, Pharaohs and Mortals, 16-17, Nr. 4.

6 Kopf einer Königsfigur
Grauwacke, Kalkstein – H. 27,5 cm, Br. 22 cm, T. 22,3 cm – Herkunft unbekannt, 1889 erworben – 11. Dynastie, 2046-1995 v. Chr. – Paris, Musée du Louvre E 10299 – Foto: H. W. Müller
Vandier, Manuel III, 37, 172, Tf. VIII, 6; E. Delange, Statues égyptiennes du ME, 36-37; W. Seipel, Gott – Mensch – Pharao, Wien 1992, 152-153, Nr. 40.

7 Kopf einer Königsfigur
Grüner Kalzit – H. 14,1 cm, Br. 12 cm, T. 14 cm – Angeblich aus dem Meer vor Tyros, Libanon – Frühe 12. Dynastie, um 1950 v. Chr. – New York, The Metropolitan Museum of Art 66.99.4, Purchase Fletcher Fund and Dr. and Mrs. Edmundo Lasalle Gift, through the Guide Foundation, 1966 – Foto: H. W. Müller
Aldred, in: MMJ 3, 1970, 36-37, Abb. 14-16; Wildung, Sesostris und Amenemhet, 195, Abb. 170.

8 Relieffragment: Königin Kemsit
Kalkstein, Farbreste – H. 37,5 cm, Br. 35,4 cm – Aus Theben, Totentempel Mentuhoteps II., Grabschrein der Kemsit – 11. Dynastie, 2046-1995 – London, British Museum EA 1450 (1907 10-15 460) – Foto: Museum
PM I²/1, 385; Bourriau, Pharaohs and Mortals, 14-16, Nr. 3.

9 Relieffragment: Königin Nofru
Kalkstein, Farbreste – H. 19 cm, Br. 23,6 cm – Aus Theben, Grab der Nofru (TT 319) – 11. Dynastie, 2046-1995 v. Chr. – New York, The Brooklyn Museum of Art 54.49 – Foto: Museum
PM I², 392; R. Fazzini, Images for Eternity, Brooklyn 1975, 48, Nr. 33a; Wildung, Sesostris und Amenemhet, 51, Abb. 45.

10 Stele des Irtisen
Kalkstein – H. 117 cm, Br. 56 cm – Aus Abydos, vor 1826 gefunden – 11. Dynastie, 2046-1995 v. Chr. – Paris, Musée du Louvre C.14 – Foto: Museum
W. Barta, Das Selbstzeugnis eines altägyptischen Künstlers (MÄS 22), Berlin 1970.

11 Stele des Nesmonth
Kalkstein – H. 131 cm, Br. 87 cm – Aus Abydos – 12. Dynastie, 1953 v. Chr. – Paris, Musée du Louvre C.1 – Foto: Museum
J.H. Breasted, Ancient Records of Egypt, I, 1906, 227-228; E. Drioton/J. Vandier, L'Égypte, Paris 1962, 272.

12 Würfelfigur des Nesmonth
Anorthositgneis – H. 41 cm, Br. 15 cm, T. 19 cm – Herkunft unbekannt – 12. Dynastie, um 1950 v. Chr. – München ÄS 7148 – Foto: D. Wildung
Wildung, in: MDAIK 37, 1981, 503ff., Tf. 83ff.; ders., Sesostris und Amenemhet, 98-100, Abb. 88-89; SSÄK 1995, 50-51, Abb. 50.

13 Sitzfigur des Nachti
Kalzit – H. 29,1 cm, Br. 12,3 cm, T. 20,9 cm – Aus Assiut – Späte 11./ frühe 12. Dynastie, 2000-1950 v. Chr. – Brüssel, Musées royaux d'Art et d'Histoire E.5596 – Foto: Museum
Vandier, Manuel III, 161, 586; Teeter, in: GM 114, 1990, 101-105, Tf. 1; W. Seipel, Gott – Mensch – Pharao, Wien 1992, 178-180, Nr. 52.

14 Kopf einer Würfelfigur
Granit – H. 16,5 cm, Br. 26 cm, T. 26,8 cm – Herkunft unbekannt – 12. Dynastie, um 1950 v. Chr. – München ÄS 5570 – Foto: D. Wildung
Wildung, Sesostris und Amenemhet, 97, Abb. 87; ders., Ägyptische Kunst München, 1984, 32, 150, Abb. 21; SSÄK 1995, 38, Abb. 35.

15 Standschreitfigur des Inemachet
Holz – H. 18 cm – Aus Abusir, Grab des Inemachet – 12. Dynastie, um 1950 v. Chr. – Berlin ÄMP 16202 – Foto: H. W. Müller
PM III², 346; Vandier, Manuel III, 128; Katalog Berlin 1967, 37, Nr. 314.

16 Standschreitfigur des Mentuhotep
Holz – H. 19,4 cm – Aus Theben, Grab des Mentuhotep im Asasif – 12. Dynastie, um 1950 v. Chr. – Berlin ÄMP 4650 – Foto: M. Büsing
PM I²/2, 623; Vandier, Manuel III, 229, 257, 273; Fechheimer, Kleinplastik, Tf. 34-35; Katalog Berlin 1967, 37, Nr. 312.

17 »Lehre des Königs Amenemhet I.«
Papyrus – H. 13,7 cm, Br. 29,8 cm – Herkunft unbekannt – Abschrift der Ramessidenzeit, um 1200 v. Chr. – Berlin ÄMP p3019 – Foto: M. Büsing
Blumenthal, in: LÄ III, 968-971; H. Brunner, Altägyptische Weisheit, Zürich/München 1988, 169-177, 454-455; Parkinson, Sinuhe, 203-211.

18 Oberteil einer Standschreitfigur Sesostris' I.
Granit – H. 76 cm – Aus Karnak – 12. Dynastie, 1956-1911/10 v. Chr. – London, British Museum EA 924 [44] – Foto: H.W. Müller
PM II², 276; Evers, Staat, I, Tf. 44; II, 97-99, §§641-654, Tf. X, 58; Aldred, MK Art, Tf. 25; Vandier, Manuel III, 176, 211-212, 584, Tf. XCIV, 4.

19 Oberteil einer Kniefigur Sesostris' I.
Anorthositgneis – H. 47,5 cm – Aus Memphis – 12. Dynastie, 1956-1911/10 v. Chr. – Berlin ÄMP 1205 – Foto: J. Liepe
PM III², 863; Evers, Staat I, Tf. 45; II, 97-99, §§641-652; Vandier, Manuel III, 176, 211-212, 287, 580, Tf. XCIV, 5; Katalog Berlin 1991, 48-49, Nr. 30; Katalog Berlin 1994, 14-15, Abb. 10.

20 Tempelrelief: Sesostris I.
Kalkstein, Farbreste – H. 46,3 cm,
Br. 80 cm – Aus Lischt, Pyramiden-
tempel Sesostris' I. – 12. Dynastie,
1956-1911/10 v. Chr. – New York, The
Metropolitan Museum of Art 14.3.6,
Rogers Fund and Edward S. Harkness
Gift, 1914 – Foto: Museum
PM IV, 82; Heyes, in: Bull. Metr. Mus. of
Art, NS 5, 1946-1947, 121; Hayes, Scepter I,
187.

21 Oberteil einer Königsfigur
Kalkstein – H. 27,5 cm, Br. 12,5 cm,
T. 18,7 cm – Herkunft unbekannt –
12. Dynastie, um 1880 v. Chr. – Brüs-
sel, Musées royaux d'Art et d'Histoire
E.6342 – Foto: Museum
Vandier, Manuel III, 183, 586; R. Tefnin,
Statues et statuettes de l'Ancienne Égypte,
Brüssel 1988, 24, 29, Nr. 6; Tefnin, in:
Katalog Van Nijl tot Schelde, Brüssel 1991,
99-100, Nr. 90; W. Seipel, Gott – Mensch –
Pharao, Wien 1992, 176-177, Nr. 51.

22 Oberteil einer Sitzfigur
    Sesostris' II.
Granit – H. 35 cm – Aus Mitrahina –
12. Dynastie, 1882-1872 – Kopenhagen, Ny Carlsberg Glyptotek
AEIN 6659 – Foto: Museum
PM III², 863; Evers, Staat, I, Tf. 69; Ald-
red, MK Art, Tf. 42; Vandier, Manuel III,
183, Tf. LXI, 2; O. Koefoed-Petersen, Cata-
logue des statues et statuettes égyptiennes,
Kopenhagen 1950, 15-16, Nr. 19; M. Jørgen-
sen, Egypt I (3000-1550 B. C.), Kopenha-
gen 1996, 160-161, Nr. 64.

23 Oberteil einer Statue
    Sesostris' II.
Anorthositgneis – H. 24,8 cm,
Br. 22,2 cm, T. 14 cm – Herkunft
unbekannt – 12. Dynastie, 1882-1872
v. Chr. – Wien, Kunsthistorisches
Museum ÄS 5776 – Foto: Museum
Jaros-Deckert, CAA Wien 1, 55-59;
W. Seipel, Gott – Mensch – Pharao, Wien
1992, 158-159, Nr. 43.

24 Fragment eines Königskopfes
Basalt – H. 21,1 cm, Br. 17,5 cm –
Herkunft unbekannt – 12. Dynastie,
um 1880-1870 v. Chr. – Cambridge,
Fitzwilliam Museum E.82.1949,
Bequest of R.G. Gayer-Anderson –
Foto: Museum
Bourriau, Pharaohs and Mortals, 42-43,
Nr. 29.

25 Kopffragment einer
    Sphinxfigur
Grauwacke – H. 11,8 cm – Herkunft
unbekannt – 12. Dynastie, um 1950-
1900 v. Chr. – Hannover, Kestner-
Museum 1935.200.507 – Foto: O. M.
Teßmer
P. Munro, Rundplastik des Alten und Mittle-
ren Reiches (Führungsblätter), 4, Nr. 9.

26 Stele des User-Month
Kalkstein, Bemalung – H. 104 cm,
Br. 49,7 cm – Aus Abydos – 12. Dy-
nastie, 1940 v. Chr. – New York, The
Metropolitan Museum of Art 12.184,
Gift of Edward S. Harkness, 1912 –
Foto: Museum
PM V, 102; C. Ransom-Williams, The Stela
of Menthu-Weser, New York 1913; Hayes,
Scepter I, 182, 298-300, 330, Abb. 195; H.
Brunner, Altägyptische Weisheit,
Zürich / München 1988, 374-375, 511.

27 Sitzfigur des Sesostris-anch
Kalkstein – H. 62,2 cm, Br. 36 cm –
Aus Lischt, Grab des Sesostris-anch –
12. Dynastie, um 1900-1850 v. Chr. –
New York, The Metropolitan Muse-
um of Art 3.1.2 A-C, Rogers Fund,
1933 – Foto: Museum
Hayes, Scepter I, 206-207, Abb. 124; Vandier,
Manuel III, 230, 265-267, Tf. XCI, 4; Wil-
dung, Sesostris und Amenemhet, 104, Abb. 93.

28 Kopf einer weiblichen
    Sphinxfigur
Grauwacke – H. 38,9 cm, Br. 34,9 cm,
T. 36,7 cm – Nahe Rom gefunden –
12. Dynastie, um 1880 v. Chr. – New
York, The Brooklyn Museum of Art
56.85, Charles Edwin Wilbour Fund –
Foto: Museum
R. Fazzini, Ancient Egyptian Art in the

Brooklyn Museum, 1989, Nr. 19; W. Seipel,
Gott – Mensch – Pharao, Wien 1992, 155-
157, Nr. 42; Fay, Louvre Sphinx, 28-30, Tf.
55-57.

29 Stele Sesostris' III.
Quarzit – H. 160 cm, Br. 96 cm – Aus
Semna (2. Katarakt) – 12. Dynastie,
1865 v. Chr. – Berlin ÄMP 1157 –
Foto: J. Liepe
PM VII, 151; C. Eyre, in: Studies in Egypto-
logy presented to M. Lichtheim, Jerusalem
1990, 134-165; S. Seidlmayer, Pharao setzt
die Grenzen, Berlin 1999.

30 Kopf einer Statue Sesostris' III.
Granit – H. 32,3 cm, Br. 34 cm – Herkunft unbekannt, seit 1869 im Besitz
von F.W. Green – 12. Dynastie, 1872-
1853/2 v. Chr. – Cambridge, Fitzwilliam Museum E.37.1930 – Foto:
Museum
Wildung, Sesostris und Amenemhet, 204,
Abb. 178; Bourriau, Pharaohs and Mortals,
41-42, Nr. 28; Polz, Bildnisse, Tf. 49b.

31 Kopf einer Statue Sesostris' III.
Kalkstein – H. 27,5 cm, Br. 25,5 cm,
T. 30,7 cm – Herkunft unbekannt;
Geschenk von G. Maspero an den
Louvre 1884 – 12. Dynastie, 1872-
1853/2 v. Chr. – Besançon, Musée des
Beaux-Arts et d'Archéologie
D. 890.1.65 – Foto: Museum
Katalog Loin du Sable, Besançon 1990, 148,
Nr. 214; Katalog Égyptologie – Le rêve et la
science, Fondation Électricité de France, Paris
1998, 41-42, Nr. 94.

32 Sitzfigur Sesostris' III.
Diorit – H. 119 cm, Br. 48,5 cm,
T. 60 cm – Aus Medamud, Fundtei-
lung 1927 – 12. Dynastie, 1872-1853/2
v. Chr. – Paris, Musée du Louvre
E 12690 – Foto: Dagli Orti
PM V, 147; Evers, Staat I, Tf. 77; Aldred,
MK Art, Abb. 57; Vandier, Manuel III, 185,
188, Tf. LXII, 4; Delange, Statues égyp-
tiennes du ME, 24-26.

33 Oberteil einer Sitzfigur Sesostris' III.
Gabbro – H. 79 cm, Br. 48 cm,
T. 33 cm – Aus Medamud, Fundtei-
lung 1927 – 12. Dynastie, 1872-1853/2
v. Chr. – Paris, Musée du Louvre
E 12961 – Foto: Dagli Orti
PM V, 147; Evers, Staat II, Tf. XIII, 65;
Lange, Sesostris, 48, Abb. 25; Vandier,
Manuel III, 185, Tf. LXII, 2; Delange,
Statues égyptiennes du ME, 27-28.

34 Sphinxfigur Sesostris' III.
Anorthositgneis – H. 42,5 cm,
Br. 29,3 cm, L. 73 cm – Herkunft
unbekannt, wahrscheinlich Karnak –
12. Dynastie, 1872-1853/2 v. Chr. –
New York, The Metropolitan Mu-
seum of Art 17.9.2, Gift of Edward S.
Harkness, 1917 – Foto: Museum
Evers, Staat I, Tf. 78, 79; Lange, Sesostris,
48, Abb. 28-31; Hayes, Scepter I, 198-199.
Abb. 119; W. Seipel, Gott – Mensch – Pha-
rao, Wien 1992, 160-162, Nr. 44; Fay,
Louvre Sphinx, 65, 94, Tf. 87.

35 Sphinxkopf Sesostris' III.
Granit – H. 18 cm, Br. 18,5 cm,
T. 19 cm – Herkunft unbekannt –
12. Dynastie, 1872-1853/2 v. Chr. –
München ÄS 7110 – Foto: D. Wil-
dung
SSÄK 1995, 54. Abb. 53; Fay, Louvre
Sphinx, Mainz 1996, 65. Tf. 85c-d;
A. Grimm/S. Schoske/D. Wildung,
Pharao, Kaufbeuren 1997, 60-61, Nr. 43,
172, Nr. 44 (sic).

36 Oberteil einer Statue Sesostris' III.
Basalt – H. 22,5 cm, Br. 18,9 cm, T.
10,5 cm – Herkunft unbekannt – 12.
Dynastie, um 1850 v. Chr. – Wien,
Kunsthistorisches Museum ÄS 6 –
Foto: Museum
Vandier, Manuel III, 190, 611; Jaros-
Deckert, CAA Wien 1, 1-5.

37 Oberteil einer Königsfigur

Granit – H. 19,5 cm – Herkunft unbekannt – 12. Dynastie, um 1850 v. Chr. – Gotha, Schloßmuseum Friedenstein Ae 1 – Foto: Museum

Vandier, Manuel III, 190, 599; G. Wenzel, in: C. Tietze (Hrsg.), Die Pyramide, Weimar / Berlin 1999, 172 (IV.11).

38 Oberteil einer Sitzfigur Sesostris' III.

Schist – H. 22 cm – Herkunft unbekannt – 12. Dynastie, 1872-1853/2 v. Chr. – London, British Museum EA 36298 – Foto: D. Wildung

Hall, in: JEA 15, 1929, Tf. XXX; Vandier, Manuel III, 190, 584; R. B. Parkinson, Cracking Codes, London 1999, 66, Tf. 9.

39 Kopf einer Statue Sesostris' III.

Granit – H. 21 cm – Herkunft unbekannt – 12. Dynastie, 1872-1853/2 v. Chr. – Berlin ÄMP 9529 – Foto: J. Liepe

Evers, Staat II, Tf. XIII, 66; Vandier, Manuel III, 190, 581; Katalog Berlin 1991, 51, Nr. 32; Katalog Berlin 1994, 15, Abb. 11.

40 Kopf einer Statue Sesostris' III.

Obsidian – H. 11,5 cm – Herkunft unbekannt – 12. Dynastie, 1872-1853/2 v. Chr. – Lissabon, Museu Calouste Gulbenkian 138 – Foto: K. Lange

Ricketts, in: JEA 4, 1917, Tf. XIV; Fechheimer, Kleinplastik, Tf. 22-23; Lange, Sesostris, 48, Abb. 26-27; Vandier, Manuel III, 213, 597, Tf. LXVI, 7; K. Lange / M. Hirmer, Ägypten, München 1975, 74, Tf. 109.

41 Kopf einer Statue Sesostris' III.

Schist – H. 9 cm – Herkunft unbekannt – 12. Dynastie, 1872-1853/2 v. Chr. – Berlin ÄMP 200175 (Kriegsverlust) – Foto: Museum

Fechheimer, Plastik, 44, Tf. 54-56; Lange, Sesostris, 48, Abb. 22-23; Vandier, Manuel III, 190, 582; K. Lange / M. Hirmer, Ägypten, München 1975, 74, Tf. 108.

42 Gesichtsfragment einer Statue Sesostris' III.

Quarzit – H. 24,3 cm – Herkunft unbekannt – 12. Dynastie, 1872-1853/2 v. Chr. – Hildesheim, Pelizaeus-Museum 412 – Foto: K. Lange

Evers, Staat I, Tf. 88; Vandier, Manuel III, 189, 600; Wildung, Sesostris und Amenemhet, 204, Abb. 179; A. Eggebrecht (Hrsg.), Pelizaeus-Museum Hildesheim, Mainz 1993, 47, Abb. 37.

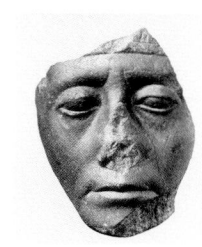

43 Gesichtsfragment einer Statue Sesostris' III.

Quarzit – H. 16,5 cm – Herkunft unbekannt, aus der Sammlung Carnarvon – 12. Dynastie, 1872-1853/2 v. Chr. – New York, The Metropolitan Museum of Art 26.7.1394, Purchase, Edward S. Harkness Gift, 1926 – Foto: Museum

Lange, Sesostris, 49, Abb. 36; Hayes, Scepter I, 199, Abb. 120; Aldred, MK Art, Abb. 58; Vandier, Manuel III, 191, 607, Tf. LXIV, 2; Polz, Bildnisse, Tf. 49c.

44 »Geschichte des Sinuhe«

Papyrus – H. 16,5 cm, Br. 118,5 cm – Wahrscheinlich aus Theben, erworben 1842 – 12. Dynastie, um 1800 v. Chr. – Berlin ÄMP p3022 E-F – Foto: M. Büsing

Simpson, in: LÄ V, 950-955; E. Blumenthal, Altägyptische Reiseerzählungen, Leipzig 1982, 5-26, 41-47; Katalog Berlin 1991, 275, Nr. 168; Parkinson, Sinuhe, 21-53.

45 Standschreitfigur des Amenemhet-anch

Quarzit – H. 62 cm (restauriert 72 cm), Br. 18,3 cm – Herkunft unbekannt, 1904 erworben – 12. Dynastie, 1850-1800 v. Chr. – Paris, Musée du Louvre E 11053 – Foto: Museum

Evers, Staat I, Tf. 96; Aldred, MK Art, Abb. 68; Vandier, Manuel III, 27, 269, Tf. LXXIII, 2; Delange, Statues égyptiennes du ME, 69-71.

46 Oberteil einer männlichen Statue

Quarzit – H. 19,5 cm, Br. 16,2 cm – Herkunft unbekannt – 12./13. Dynastie, um 1800-1750 v. Chr. – New York, The Metropolitan Museum of Art 59.26.2, Purchase, Frederick P. Huntley Fund, 1959 – Foto: Museum

W. Seipel, Gott – Mensch – Pharao, Wien 1992, 200-201, Nr. 64.

47 Hockfigur des Sebek-em-inu

Granodiorit – H. 31,5 cm, Br. 19,7 cm, T. 22,5 cm – Herkunft unbekannt – 12. Dynastie, um 1900 v. Chr. – Wien, Kunsthistorisches Museum ÄS 35 – Foto: Museum

Jaros-Deckert, CAA Wien 1, 6-13; W. Seipel, Gott – Mensch – Pharao, Wien 1992, 186-188, Nr. 57.

48 Standfigur des Antef

Kalkstein, Bemalung – H. 37 cm – Aus Theben – Frühe 12. Dynastie, um 1950 v. Chr. – Berlin ÄMP 12485 – Foto: M. Büsing

Vandier, Manuel III, 228; Fechheimer, Kleinplastik, Tf. 26; Katalog Berlin 1967, Nr. 304; Katalog Berlin 1989, 40-41, Nr. 21.

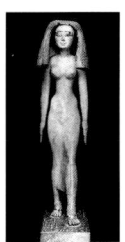

49 Standschreitfigur der Ii-meret-nebes

Holz, bemalt, Glaspaste, Bronze – H. 48 cm – Aus Theben(?), 1828 aus der Sammlung Anastasi erworben – Frühe 12. Dynastie, um 1900 v. Chr. – Leiden, Rijksmuseum van Oudheden D.127 – Foto: Museum

Evers, Staat I, Tf. 19; Aldred, MK Art, Abb. 29; Vandier, Manuel III, 238, 255, 287, 601, Tf. LXXXI, 6; H. Schneider/M. Raven, De egyptische oudheid, Leiden 1981, 60-63; H. Schneider, Egyptisch kunsthandwerk, Amsterdam 1995, 32-34.

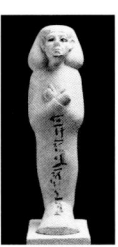

50 Totenfigur des Nachti

Kalkstein – H. 23 cm – Herkunft unbekannt – 12. Dynastie, um 1850-1800 v. Chr. – Brüssel, Musées royaux d'Art et d' Histoire E.409 – Foto: Museum

L'Égypte. Des Pharaons aux Coptes (Service Éducatif), Brüssel 1990, 66.

51 Totenfigur des Renseneb

Kalkstein – H. 23,6 cm – Aus Abydos – 12. Dynastie, um 1850-1800 v. Chr. – Brüssel, Musées royaux d'Art et d'Histoire E.3228 – Foto: Museum

L. Speleers, Figurines funéraires, Bruxelles 1923, Tf. 8; J.-F. Aubert/L. Aubert, Statuettes égyptiennes – Chaouabtis-Ouchebtis, Paris 1974, 18-19.

52 Kopf einer Statue Amenemhets III.

Anorthositgneis – H. 27 cm – Herkunft unbekannt – 12. Dynastie, 1853-1806/5 v. Chr. – Berlin ÄMP 17950 – Foto: J. Liepe

Evers, Staat II, 113, §711; Vandier, Manuel III, 213, 582, Tf. CXVI, 5-6; Katalog Berlin 1991, 50-51, Nr. 31; W. Seipel, Gott – Mensch – Pharao, Wien 1992, 165-167, Nr. 46.

53 Kopf einer Statue Amenemhets III.

Schist – H. 46 cm – Herkunft unbekannt, 1895 erworben – 12. Dynastie, 1853-1806/5 v. Chr. – Kopenhagen, Ny Carlsberg Glyptotek AEIN 924 – Foto: D. Wildung

Evers, Staat I, Tf. 111-112; Aldred, MK Art, Abb. 59; Lange, Sesostris, 50, Abb. 39; O. Koefoed ·Petersen, Catalogue des statues et statuettes égyptiennes, Kopenhagen 1950, 70, Tf. 127-129; Jørgensen, in: Apollo, June 1981, 369-371; Wildung, Sesostris und Amenemhet, 18-19, Abb. 8; Polz, Bildnisse, Tf. 50c; M. Jørgensen, Egypt I (3000-1550 B. C.), Kopenhagen 1996, 168-169, Nr. 68.

54 Oberteil einer Statue Amenemhets III.

Granit – H. 22,5 cm – Aus Quft (?) – 12. Dynastie, 1853-1806/5 v. Chr. – Berlin ÄMP 17551 – Foto: M. Büsing

Evers, Staat I, Tf. 133; Vandier, Manuel III, 200, 202-204, 582, Tf. LXVI, 3; Katalog Berlin 1967, 35-36, Nr. 306.

**55   Oberteil einer Statue
Amenemhets III.**

Serpentinit – H. 32 cm – Herkunft
unbekannt – 12. Dynastie, 1853-1806/5
v. Chr. – Berlin ÄMP 11348 – Foto:
Museum

*Vandier, Manuel III, 201, 581; A. Grimm/
S. Schoske/D. Wildung, Pharao, Kaufbeuren
1997, 62, Nr. 45.*

56   Beterfigur Amenemhets III.

Granodiorit – H. 200 cm – Aus
Memphis, 1855 erworben – 12. Dynastie, 1853-1806/5 v. Chr. – Berlin ÄMP
1121 – Foto: J. Liepe

*Vandier, Manuel III, 197, 201, 580; Fechhei-
mer, Plastik, Tf. 52-53; Katalog Berlin 1991,
47, Nr. 29.*

**57   Oberteil einer Statue
Amenemhets III.**

Ophikalzit – H. 10,7 cm, Br. 7,5 cm,
T. 4,8 cm – Herkunft unbekannt –
12. Dynastie, 1853-1806/5 v. Chr. –
München ÄS 6762 – Foto: D. Wildung

*Wildung, Sesostris und Amenemhet, 204.
Abb. 180; SSÄK 1995, 9, Abb. 4; A.
Grimm/S. Schoske/D. Wildung, Pharao,
Kaufbeuren 1997, 62-63, Nr. 46.*

**58   Mähnensphinx
Amenemhets III.**

Kalkstein – H. 31 cm, Br. 18 cm,
L. 28,5 cm – Herkunft unbekannt –
12. Dynastie, 1853-1806/5 v. Chr. –
München ÄS 7132 – Foto: D. Wildung

*SSÄK 1995, 8, Abb. 3; Fay, Sphinx, 67, Tf.
90a; A. Grimm/S. Schoske/D. Wildung,
Pharao, Kaufbeuren 1997, 64-65, Nr. 47.*

**59   Oberteil einer Statue
Amenemhets III.**

Granit – H. 71 cm – Herkunft unbe-
kannt – 12. Dynastie, 1853-1806/5 v.
Chr. – Rom, Museo Nazionale delle
Terme – Foto: Nach Fechheimer

*Fechheimer, Plastik, Tf. 59; Vandier, Manuel
III, 210-211, Tf. LXX, 3-4.*

**60   Standschreitfigur
Amenemhets III.**

Kupfer, Elektrum, Gold, Bergkristall
– H. 56,5 cm, Br. 10,5 cm, T. 17,2 cm –
Herkunft unbekannt – 12. Dynastie,
1853-1806/5 v. Chr. – München
ÄS 6982 – Foto: D. Wildung

SSÄK 1995, 10, Abb. 5.

**61   Standschreitfigur eines
Mannes**

Kupfer, Silber – H. 32 cm, T. 12 cm –
Herkunft unbekannt – 12. Dynastie,
um 1850-1800 v. Chr. – München
ÄS 7105 – Foto: D. Wildung

*SSÄK 1995, 52-53, Abb. 52; W. S. Smith/
W.K. Simpson, The Art and Architecture of
Ancient Egypt, New Haven/London ²1998,
101, Abb. 180.*

**62   Standschreitfigur des
Sebekemsaf**

Granodiorit – H. 150 cm, Br. 43 cm,
T. 61,5 cm – Aus Armant – 13. Dynastie, um 1700 v. Chr. – Wien, Kunsthistorisches Museum ÄS 5051/5801 –
Foto: J. Liepe

*PM V, 160; Evers, Staat I, Tf. 140; Aldred,
MK Art, Abb. 81; Vandier, Manuel III, 227,
250-251, 611, Tf. LXXXVIII, 5; Jaros-
Deckert, CAA Wien 1, 39-48; W. Seipel,
Gott – Mensch – Pharao, Wien 1992, 214-
216, Nr. 72, 72a.*

**63   Kopf einer Sitzfigur
Amenemhets V.**

Schist – H. 35 cm, Br. 17 cm, T. 20 cm
– Aus Elephantine – 13. Dynastie, um
1750 v. Chr. – Wien, Kunsthistorisches
Museum ÄS 37 – Foto: J. Liepe

*Fay, in: MDAIK 44, 1988, 69; E. Rogge,
CAA Wien 6, 5-10; W. Seipel, Gott –
Mensch – Pharao, Wien 1992, 172-173,
Nr. 49.*

64   Kopf einer Königsfigur

Kalkstein – H. 12 cm – Herkunft unbekannt – späte 12./frühe 13. Dynastie,
um 1800 v. Chr. – München
ÄS 7172 – Foto: D. Wildung

*C. Ede Ltd., Small Sculpture from Ancient
Egypt, London 1997, Nr. 1.*

65   Kopf einer Königinnenfigur
Quarzit – H. 10 cm – Herkunft unbekannt – 12. Dynastie, um 1850 v. Chr. – Hannover, Kestner-Museum 1970.17 – Foto: O. M. Teßmer
P. Munro, Rundplastik des Alten und Mittleren Reiches (Führungsblätter), 5, Nr. 10.

66   Oberteil einer Königinnenfigur
Schist – H. 16,3 cm, Br. 11 cm, T. 7,5 cm – Herkunft unbekannt – 12. Dynastie, 1798/7-1794/3 – New York, The Metropolitan Museum of Art 65.59.1, Rogers Fund, 1965 – Foto: Museum
H. G. Fischer, Varia Nova (Egyptian Studies III), New York 1996, 111-118, Tf. 17-18; zu Nefru-Sobek: V. Beckerath, in: LÄ V, 1050-1051; Callender, in: C. J. Eyre (Hrsg.), Proceedings of the Seventh International Congress of Egyptologists, Leuven 1998, 227-236.

67   Oberteil einer Königinnenfigur
Schist – H. 14 cm – Herkunft unbekannt – 12. Dynastie, um 1870-1850 v. Chr. – Berlin ÄMP 14475 (Kriegsverlust) – Foto: E. Grantz
Fechheimer, Plastik, Tf. 57; Vandier, Manuel III, 223, 254, 257, 581, Tf. LXXIV, 4.

68/69   Zwei Standfiguren einer Frau
Quarzit – H. 25/31,5 cm, Br. 12/13 cm, T. 17,5/19,5 cm – Lischt, Schacht beim Grab des Sesostris-anch – 12. Dynastie, 1900-1850 v. Chr. – New York, The Metropolitan Museum of Art 33.1.5/6, Rogers Fund, 1933 – Foto: Museum
Hayes, Scepter I, 207; Vandier, Manuel III, 243-244, 257-258, 265-266, 608, Tf. XC, 3-4.

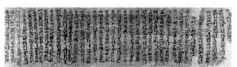

70   »Klagen des Bauern«
Papyrus – H. 16 cm, Br. 59,7 cm – Herkunft unbekannt, 1843 aus der Sammlung Athanasi erworben – Abschrift der 12. Dynastie, um 1850-1800 v. Chr. – Berlin ÄMP p3023A – Foto: unbekannt

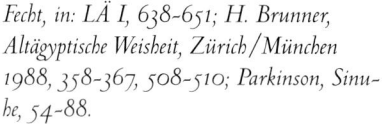

Fecht, in: LÄ I, 638-651; H. Brunner, Altägyptische Weisheit, Zürich/München 1988, 358-367, 508-510; Parkinson, Sinuhe, 54-88.

71   Kopf einer Männerfigur
Quarzit – H. 30,5 cm, Br. 22,4 cm, T. 29,8 cm – Aus Abydos, Osiristempel – 13. Dynastie, um 1750 v. Chr. – New York, The Metropolitan Museum of Art 02.4.191, Gift of the Egypt Exploration Fund, 1902 – Foto: Museum
B. V. Bothmer (Hrsg.), Egyptian Sculpture of the Late Period, Brooklyn 1961, 8-9, Tf. 6-7.

72   Kopf einer Männerfigur
Kalkstein – H. 9,9 cm – Herkunft unbekannt – 12./13. Dynastie, 1850-1750 v. Chr. – Brüssel, Musées royaux d'Art et d' Histoire E.6412 – Foto: Museum
Unveröffentlicht.

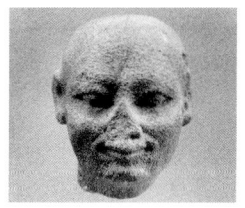

73   Kopf einer Männerfigur
Sandstein – H. 8,3 cm – Aus Theben, Friedhof 700 (Grabschacht 710) – 13. Dynastie, um 1750-1700 v. Chr. – New York, The Metropolitan Museum of Art 35.3.111 – Foto: Museum
Unveröffentlicht; vgl. PM I²/2, 621.

74   Sitzfigur des Renef-seneb-dag
Sandstein – H. 34 cm – Aus Elephantine – 12./13. Dynastie, um 1850-1750 v. Chr. – Berlin ÄMP 10115 – Foto: J. Liepe
Vandier, Manuel III, 241, 243, 279, 581; Katalog Berlin 1991, 63, Nr. 40.

75   Beterfigur des Tetu
Granodiorit – H. 27 cm – Wohl aus Heliopolis – 12. Dynastie, um 1850-1800 v. Chr. – Berlin ÄMP 8432 – Foto: Museum
Fechheimer, Kleinplastik, Tf. 21; Vandier, Manuel III, 227, 261, 581, Tf. XC, 8; Katalog Berlin 1967, 36, Nr. 309.

76 Hockfigur des Cheper-ka-Rê-seneb
Granodiorit – H. 46,5 cm, Br. 34,5 cm, T. 36 cm – Herkunft unbekannt – 13. Dynastie, 1750-1650 v. Chr. – Wien, Kunsthistorisches Museum ÄS 5915 – Foto: Museum
Jaros-Deckert, CAA Wien 1, 72-78; zum Typus vgl. Wildung, Sesostris und Amenem-het, 105, Abb. 94.

77 Gruppenstatue von Hohen-priestern des Ptah
Quarzit – H. 92 cm, Br. 55 cm, T. 30 cm – Aus Memphis, 1816 erwor-ben – 12. Dynastie, um 1870-1840 v. Chr. – Paris, Musée du Louvre A 47 – Foto: Museum
Vandier, Manuel III, 227, 242, 249, 256, 264, Tf. LXXXIII, 4; Wildung, Sesostris und Amenemhet, 220-221, Abb. 194; Delange, Statues égyptiennes du ME, 81-83.

78 »Gespräch des Lebensmüden«
Papyrus – H. 16 cm, Br. 44 cm – Her-kunft unbekannt, 1843 erworben aus der Sammlung Athanasi – Nieder-schrift der 12. Dynastie, um 1850 v. Chr. – Berlin ÄMP p3024E – Foto: M. Büsing
Osing, in: LÄ II, 571-573; W. Barta, Das Gespräch eines Mannes mit seinem BA (MÄS 18), Berlin 1969; H. Goedicke, The Report about the Dispute of a Man with His Ba, Baltimore/London 1970; Parkinson, Sinuhe, 151-165.

79 Hockfigur des Gebu
Granit – H. 93 cm – Aus Theben, 1890 erworben aus der Sammlung Sabatier – 13. Dynastie, um 1750 v. Chr. – Kopenhagen, Ny Carlsberg Glyptotek AEIN 27 – Foto: D. Wil-dung
O. Koefoed-Petersen, Catalogue des statues et statuettes égyptiennes, Kopenhagen 1950, 18-19, Tf. 26; Vandier, Manuel III, 233, 252, 273, 277. Tf. XCII, 7.

80 Oberteil einer Männerfigur
Kalkstein – H. 75 cm – Herkunft unbekannt – 12./13. Dynastie, um 1800 v. Chr. – Berlin VÄGM 119-99 – Foto: D. Wildung
Sotheby's New York, 5 June 1999, Nr. 317.

81 Stele und Würfelfigur des Sa-Hathor
Kalkstein – Stele: H. 100 cm, Br. 50 cm, T. 40 cm – Statue: H. 40,6 cm – Aus Abydos, 1856(?) aus der Sammlung Anastasi erworben – 12. Dynastie, um 1900 v. Chr. – London, British Museum 143/144 [569/570] – Foto: Museum
PM V, 95; J. H. Breasted, Ancient Records of Egypt I, 273-274; Hieroglyphic Texts II, Tf. 19-20; Aldred, MK Art, Abb. 37; Vandier, Manuel III, 236, 271, 584, Tf. LXXX, 4.

82 Würfelfigur des Sesostris-Senbefni
Quarzit – H. 68,3 cm, Br. 43,4 cm, T. 48,9 cm – Herkunft unbekannt, 1799 von Bonaparte in Ägypten er-worben – 12. Dynastie, um 1850 v. Chr. – New York, The Brooklyn Museum of Art 39.602, Charles Edwin Wilbour Fund – Foto: Museum
Aldred, MK Art, Abb. 75; Vandier, Manuel III, 236, 251, 254, Tf. LXXX, 6; R. Faz-zini u.a., Ancient Egyptian Art in the Brook-lyn Museum, Brooklyn 1989, Nr. 22.

83 Kopf einer Männerfigur
Kalkstein – H. 35 cm – Herkunft unbekannt – 13. Dynastie, um 1700 v. Chr. – München ÄS 7171 – Foto: D. Wildung
Unveröffentlicht; vgl. Katalog Pharaonen und Fremde – Dynastien im Dunkel, Wien 1994, 112-113, Nr. 48; M. Bietak, Avaris, London 1996, 18, Fig. 17, 20-21; ders. in: L'acrobate au taureau, Paris 1999, 32, 69, Fig. 5.

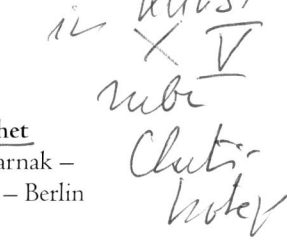

84 Kopf einer Männerfigur

Granit – H. 24 cm, Br. 34 cm, T. 23 cm – Wohl aus Elephantine – 12. Dynastie, um 1850 v. Chr. – Frankfurt, Liebieghaus 723 – Foto: D. Wildung

Wildung, in: Städel-Jahrbuch N. F. 8, 1981, 7-14; ders., Sesostris und Amenemhet, 215-216, 219, Abb. 191; Franke, in: Liebieghaus – Ägyptische Bildwerke III, Melsungen 1993, 103-112, Nr. 26.

85 Kopf einer Würfelfigur

Quarzit – H. 38,5 cm, Br. 37 cm – Herkunft unbekannt – 25./26. Dynastie, um 670-650 v. Chr. – München ÄS 1622 – Foto: D. Wildung

Katalog Das Menschenbild im alten Ägypten, Hamburg 1982, 78-79, Nr. 30; Wildung, Sesostris und Amenemhet, 18-19, Abb. 10; SSÄK 1995, 60-61, Abb. 62.

86 Standfigur einer Frau

Holz – H. 31,8 cm – Herkunft unbekannt – 12. Dynastie, um 1850 v. Chr. – London, British Museum EA 2373 – Foto: Museum

Evers, Staat I, Tf. 93; Vandier, Manuel III, 238, 254-255, 287, 584, Tf. LXXXI, 4-5.

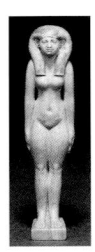

87 Standfigur der Tadja

Elfenbein – H. 15 cm – Aus Abusir el-Melek, Grab der Tadja – 26. Dynastie, um 650 v. Chr. – Berlin ÄMP 17000 – Foto: Museum

Fechheimer, Kleinplastik, Tf. 111.

88 Sitzfigur des Chertihotep

Quarzit – H. 77 cm – Aus Burg el-Hamam bei Assiut – 12. Dynastie, um 1900-1850 v. Chr. – Berlin ÄMP 15700 – Foto: Museum

Fechheimer, Plastik, Tf. 47-48; Aldred, MK Art, Abb. 67; Lange, Sesostris, 47, Abb. 14-17; Vandier, Manuel III, 231, 252, Tf. LXXXVIII, 2; Katalog Berlin 1991, 43, 60-61, Nr. 39.

89 Sitzfigur des Montemhet

Granit – H. 49 cm – Aus Karnak – 26. Dynastie, um 650 v. Chr. – Berlin ÄMP 17271 – Foto: J. Liepe

Evers, Staat I, 113, Abb. 29; J. Leclant, Montouemhat, Le Caire 1961, 58-64. Tf. 12-15; Katalog Berlin 1991, 171, Nr. 102.

90 Kopf einer Männerfigur

Quarzit – H. 18,5 cm, Br. 24 cm, T. 21 cm – Herkunft unbekannt – 12. Dynastie, um 1850 v. Chr. – New York, Sammlung Jack Josephson – Foto: Jack Josephson

Unveröffentlicht.

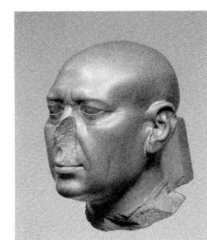

91 »Grüner Kopf«

Schist – H. 21,5 cm, Br. 12,5 cm, T. 19 cm – Herkunft unbekannt, 1895 erworben – 30. Dynastie, um 400 v. Chr. – Berlin ÄMP 12500 – Foto: M. Büsing

B. V. Bothmer (Hrsg.), Egyptian Sculpture of the Late Period, Brooklyn 1961, 164-166, Nr. 127, Tf. 117-119; Katalog Berlin 1967, 93-94, Nr. 940; Katalog Kleopatra – Ägypten um die Zeitenwende, München 1989, 162-166, Nr. 43; Kaiser, in: MDAIK 55, 1999, 238 mit Anm. 8.

Cyril Aldred, Middle Kingdom Art in Ancient Egypt 2300-1590 B.C., London 1950.

Elke Blumenthal, Untersuchungen zum ägyptischen Königtum des Mittleren Reiches, I: Die Phraseologie, Berlin 1970.

Janine Bourriau, Pharaohs and Mortals. Egyptian Art in the Middle Kingdom, Cambridge 1988.

Elisabeth Delange, Catalogue des statues égyptiennes du Moyen Empire 2060-1560 avant J.-C., Paris 1987.

Hans Gerhard Evers, Staat aus dem Stein. Denkmäler, Geschichte und Bedeutung der ägyptischen Plastik während des Mittleren Reiches, I-II, München 1929.

Biri Fay, The Louvre Sphinx and Royal Sculpture from the Reign of Amenemhat II, Mainz 1996.

Hedwig Fechheimer, Die Plastik der Ägypter, Berlin 1914.

Hedwig Fechheimer, Die Kleinplastik der Ägypter, Berlin 1922.

William C. Hayes, The Scepter of Egypt, Part I. From the Earliest Times to the End of the Middle Kingdom, New York 1953.

Brigitte Jaros-Deckert, Statuen des Mittleren Reichs und der 18. Dynastie. Corpus Antiquatatum Aegyptiacarum, Kunsthistorisches Museum Wien, Lieferung 1, Mainz 1987.

Richard B. Parkinson, The Tale of Siniuhe, Oxford 1998.

Kurt Lange, Sesostris. Ein ägyptischer König in Mythos, Geschichte und Kunst, München 1954.

Georges Posener, Littérature et politique dans l'Égypte de la XIIe dynastie, Paris 1956.

Felicitas Polz, Die Bildnisse Sesostris' III. und Amenemhets III. – Bemerkungen zur königlichen Rundplastik der späten 12. Dynastie, in: MDAIK 51, 1995, 227-254, Tf. 48-52.

Jacques Vandier, Manuel d'Archéologie Égyptienne, III. Les Grandes Époques. La Statuaire, Paris 1958.

Dietrich Wildung, Sesostris und Amenemhet. Ägypten im Mittleren Reich, Fribourg – München 1984.

Katalog Berlin 1967
Werner Kaiser (Hrsg.), Ägyptisches Museum Berlin, Berlin 1967.
Katalog Berlin 1989
Jürgen Settgast (Hrsg.), Ägyptisches Museum, Mainz 1989.
Katalog Berlin 1991
Karl-Heinz Priese (Hrsg.), Ägyptisches Museum, Mainz 1991.
Katalog Berlin 1994
Dietrich Wildung, Ägyptische Kunst in Berlin, Mainz 1994.
SSÄK 1984
Sylvia Schoske /Dietrich Wildung, Ägyptische Kunst München, München [1984].
SSÄK 1995
Sylvia Schoske (Hrsg.), Staaliche Sammlung Ägyptischer Kunst München (Zaberns Bildbände zur Archäologie Bd. 31), Mainz 1995.

ÄMP   Ägyptisches Museum und Papyrussammlung
GM   Göttinger Miszellen
JEA   Journal of Egyptian Archaeology
LÄ   Lexikon der Ägyptologie
MÄS   Münchner Ägyptologische Studien
MDAIK   Mitteilungen des Deutschen Archäologischen Instituts, Abteilung Kairo
MJbK   Münchner Jahrbuch der bildenden Kunst
MMJ   Metropolitan Museum Journal
PM   Porter/Moss, Topographical Bibliography
SAS   Schriften aus der Ägyptischen Sammlung München

Chronologie des Mittleren Reiches

Die Grundlagen der Chronologie des Mittleren Reiches sind zusammengestellt und kritisch ausgewertet von
Jürgen von Beckerath, Chronologie des pharaonischen Ägypten (MÄS 46), Mainz 1997, 131-142.

Die absoluten Daten der folgenden Übersicht sind aus dieser Publikation (S. 188-189) übernommen.

11. Dynastie	2119-1976 v. Chr.
Mentuhotep I.	2119-
Antef I.	-2103
Antef II.	2103-2054
Antef III.	2054-2046
Mentuhotep II.	2046-1995
Mentuhotep III.	1995-1983
Mentuhotep IV.	
und Gegenkönige	1983-1976
12. Dynastie	1976-1794/93 v. Chr.
Amenemhet I.	1976-1947
Sesostris I.	1956-1911/10
Amenemhet II.	1914-1879/76
Sesostris II.	1882-1872
Sesostris III.	1872-1853/52
Amenemhet III.	1853-1806/05
Amenemhet IV.	1807/06-1798/97
Nefrusobek	1798/97-1794/93
13. Dynastie	1794/93-1648/1645 v. Chr.

Etwa 50 Könige verschiedener Herkunft

Berlin
Ägyptisches Museum und Papyrussammlung
Staatliche Museen zu Berlin – Preußischer
Kulturbesitz

1121	Kat. 56
1157	Kat. 29
1205	Kat. 19
4650	Kat. 16
8432	Kat. 75
9529	Kat. 39
10115	Kat. 74
11348	Kat. 55
12485	Kat. 48
14475	Kat. 67
15700	Kat. 88
16202	Kat. 15
17000	Kat. 87
17271	Kat. 89
17500	Kat. 91
17551	Kat. 54
17950	Kat. 52
20175	Kat. 41
p3019	Kat. 17
p3022	Kat. 44
p3023	Kat. 70
p3024	Kat. 78
p3033	Kat. 1
VÄGM119-99	Kat. 80

Besançon
Musée des Beaux-Arts et d'Archéologie

D. 890.1.65	Kat. 31

Brooklyn
Brooklyn Museum of Art

39.602	Kat. 82
54.49	Kat. 9
56.85	Kat. 28

Brüssel
Musées royaux d'Art et d'Histoire

E. 409	Kat. 50
E. 3228	Kat. 51
E. 5596	Kat. 13
E. 6342	Kat. 22
E. 6412	Kat. 72

Cambridge
Fitzwilliam Museum

E. 37.1930	Kat. 24
E. 82.1949	Kat. 30

Frankfurt
Städtische Galerie Liebieghaus

IN 732	Kat. 84

Gotha
Schloßmuseum

Ae1	Kat. 37

Hannover
Kestner-Museum

1935.200.507	Kat. 25
1970.17	Kat. 65

Hildesheim
Pelizaeus-Museum

412	Kat. 42

Kopenhagen
Ny Carlsberg Glyptotek

AEIN 27	Kat. 53
AEIN 659	Kat. 21
AEIN 924	Kat. 79

Leiden
Rijksmuseum van Oudheden

D. 127	Kat. 49

Lissabon
Museu Calouste Gulbenkian

138	Kat. 40

London
The British Museum

EA 44	Kat. 18
EA 569	Kat. 81
EA 570	Kat. 81
EA 1450	Kat. 5, 8
EA 2373	Kat. 86
EA 36298	Kat. 38

München
Staatliche Sammlung Ägyptischer Kunst

ÄS 1622	Kat. 85
ÄS 5570	Kat. 14
ÄS 6762	Kat. 57
ÄS 6794	Kat. 2
ÄS 6932	Kat. 3
ÄS 6982	Kat. 60
ÄS 7105	Kat. 61
ÄS 7110	Kat. 35
ÄS 7132	Kat. 58
ÄS 7148	Kat. 12
ÄS 7171	Kat. 83
ÄS 7172	Kat. 64

New York
Jack Josephson Collection

o. N.	Kat. 90

New York
The Metropolitan Museum of Art

02.4.191	Kat. 71
12.184	Kat. 26
14.3.6	Kat. 20
17.9.2	Kat. 34
26.3.354b	Kat. 4
26.7.1394	Kat. 43
33.1.2A–C	Kat. 27
33.1.5	Kat. 69
33.1.6	Kat. 68
35.3.111	Kat. 73
59.26.2	Kat. 46
65.59.1	Kat. 66
66.99.4	Kat. 7

Paris
Musée du Louvre

A 47	Kat. 77
C 1	Kat. 11
C 14	Kat. 10
E 10299	Kat. 6
E 11053	Kat. 45
E 12960	Kat. 32
E 12961	Kat. 33

Rom
Museo Nazionale delle Terme

o. N.	Kat. 59

Wien
Kunsthistorisches Museum

ÄS 6	Kat. 36
ÄS 35	Kat. 47
ÄS 37	Kat. 63
ÄS 5776	Kat. 23
ÄS 5801/5051	Kat. 62
ÄS 5915	Kat. 76